내가 춤추면
코끼리도 춤춘다

내가
춤추면
코끼리도
춤춘다

• 이서윤 지음 •

당신을 부자로 만드는 강력한 힘

이다미디어

세렌디피티

Serendipity

행운이란
준비와 기회가 만나는 것이다.

– 오프라 윈프리

그대와 나의 만남은
준비된 기적입니다

: 힘든 아침을 맞은 그대에게

"빛이 우리에게 비참한 삶의 현실을 비추어준다는 이유만으로 햇살 바라보기를 두려워해선 안 된다"고 말한 초현실주의 화가 르네 마그리트를 생각해봅니다.

지금은 막 동이 트는 새벽, 여명이 밝아오고 있습니다. 이제 곧 해가 떠오르면 그대는 잠자리에서 일어나 또 새로운 아침을 맞이해야 합니다. 새벽의 여명은 어제의 끝이기도 하지만 또 다른 하루의 시작이기도 하지요.

아침을 좋아하는 사람은 행복한 사람이라고 합니다. 그러나 저는 운명학 공부를 하면서 누구나 힘든 아침을 맞이할 수 있다는 사실을 알게 되었습니다. 어쩌면 지금 그대가 그런 상황에 처해 있는지도 모르지요.

언제나 설레는 가슴을 안고 하루를 시작하지만 어떤 날은 유난히 걱정이나 불안이 엄습할 때가 있습니다. 그러면 저는 우선 잠자리에서 일어나기 전에 저의 손을 가만히 움직여봅니다. 열 개의 손가락이 저의 뜻대로 움직입니다. 그러면 살짝 눈을 떠봅니다.

비로소 햇살이 빛나는 세상을 눈으로 직접 볼 수 있습니다. 그리고 침대에서 내려와 걸어갑니다. 다리를 움직여 제가 원하는 장소로 갈 수가 있네요.

이렇게 오늘 하루도 감사한 마음으로 시작합니다. 오늘 일어날 일들 모두 행운으로 받아들일 준비가 되었으니까요.

: 다른 사람의 소원을 이루어주는 운명

벌써 재작년의 일이네요. 할머니 무릎에서 시작한 운명학 공부가 어느덧 20년의 세월을 훌쩍 넘겼습니다. 어린 시절의 노트들을 꺼내보았습니다. 스승님들이 풀이하신 저의 이야기가 유난히 눈에 많이 띄었습니다.

'다른 사람의 소원을 이루어주는 운명.'

제가 쓰던 노트에 몇 번씩이나 적혀 있는 말입니다. 여러 스승님들이 늘 제게 하신 말씀이기도 하지요. 사실 그런 말을 들었던 어린 시절에는 "그럼 제 소원은요?", "어떻게 그걸 할 수 있는데요?" 등 의아한 점이 참 많았답니다.

하지만 이제는 조금씩 그 뜻을 알아가는 중입니다. 제가 해야할 일은 다른 사람의 소원을 이루어주고, 그래서 세상을 행복하게 만드는 것이지요. 이런 제 운명을 하나하나 펼쳐가는 저야말로 행복한 사람입니다.

세상에 우연이란 없습니다. 저는 운명학을 공부하는 동안 정교하게 짜인 운명의 신비에 경이로움을 느낄 때가 많았습니다. 한 사람의 운명을 만들어가는 힘은 스스로의 생각과 말과 행동임을 깨달았으니까요.

그대와 제가 이렇게 만나게 된 것은 오랫동안 준비된 하나의 기적이라고 생각합니다. 행복한 삶을 살려는 그대의 간절한 꿈과 소망이 낳은 기적이지요. 우리의 기적 같은 만남은 인도의 작가

파탄잘리의 시와 같은 결말을 그대에게 선물할 것입니다.

'잠들어 있는 힘들, 능력들 그리고 재능들이 살아난다. 그대가
꿈꾸었던 것보다도 자신이 훨씬 더 위대한 사람임을 깨닫게 되리
라.'

새해의 차가운 겨울 하늘을 바라봅니다. 우리는 모두 별과 같
이 소중하고 아름다운 존재임을 다시 확인합니다.
사랑하는 가족과 내게 많은 가르침을 주신 스승님들, 그리고
세상의 모든 벗들에게 이 책을 바칩니다. 이 책이 나오기까지 기
획하고 편집하느라 애쓰신 이다미디어의 박금희 이사님과 편집
진에게도 깊은 감사의 마음을 전합니다.

2009년 새해를 열며
이정일

| 차례 |

Chapter 1 운은 움직이는 과학이다

Chapter 2 부를 부르는 운의 법칙

떨어지는 낙엽 하나로
천하의 대세를 본다면?

초등학교 3학년 때였다. 어느 날 나는 가장 친하게 지내던 친구의 얼굴을 보다가 깜짝 놀랐다.

"어머, 우리 이제 헤어지나 봐. 너희 집이 멀리 이사를 갈 것 같아."

"무슨 말이야? 엄마한테 우리 이사 간다는 말을 들은 적이 없는데, 이상하다?"

내 말을 듣고 어리둥절한 표정을 짓는 친구의 얼굴을 다시 찬찬히 뜯어보았다. 친구의 얼굴 가운데 좌우 눈썹 끝의 관자놀이 부분이 맑지는 않지만 황색을 띠고 있었다. 그것을 관상학에서는 '이동운'을 뜻하는 것으로 풀이하기 때문에 곧 이사를 가게 될 것이라고 말했던 것이다.

하지만 좋아하는 친구와 헤어진다는 사실은 나도 받아들이기 힘들었다. 그래서 다시 친구의 생년월일과 시를 가지고 사주로 풀어보았다. 그런데 친구의 사주에도 그 시기에 이사운이 들어 있는 것이 아닌가.

"아무래도 우리가 헤어지는 게 맞나 봐, 어떡해."

친구랑 나는 곧 헤어지게 된다는 사실에 속상해했다. 서로 걱정을 하는 동안 시간이 흐르고, 정말 한 달 후에 친구네 집이 갑자기 외국으로 이사를 가게 되었다. 친구 아버지가 회사에서 외국으로 발령이 났기 때문이었다. 그때는 내 예언(?)이 거짓말처럼 맞아떨어진 것에 놀라기보다는 제일 친했던 친구와 헤어진다는 사실이 더 견디기 힘들었다.

친구의 앞날을 예측했던 그 당시, 나는 어린 나이임에도 불구하고 관상과 사주 공부에 한창이었다. 친구들의 생년월일과 태어난 시간을 물어본 다음 사주풀이를 하고, 관상의 결과와 맞추어 보기도 했다. 물론 결과는 혼자만의 비밀로 간직했을 뿐, 드러내 놓고 말을 한 적은 거의 없었다.

이렇게 어린 시절을 보내는 동안 나는 운명학과 관련된 이런저런 책들을 구해다 보곤 했었다. 그러나 초등학교 선생님이었던 엄마는 당시만 해도 미신으로 손가락질받던 운명학에 푹 빠져 있는 딸을 그냥 두고 보기를 힘들어하셨다. 그나마 학교 공부를 잘

했기 때문에 혼이 덜 난 게 다행이라면 다행이랄까?

가와바타 야스나리의 『서정가』에 나오는 다쓰에가 떠오른다. 다쓰에는 다섯 살 때 집 안에서 벌인 낱말 카드놀이를 통해서 우연히 자신의 예지력을 알게 되었다. 그 예지력이 어찌나 뛰어났던지 동네에서는 신동이 나왔다고 그랬고, 그녀의 어머니는 딸을 자랑스럽게 생각하기도 했다.

하지만 그렇게도 빛났던 예지력으로 예측하지 못한 것이 없었건만, 다쓰에는 정작 자신이 사랑하는 남자의 변심은 전혀 예측하지 못한다. 사랑에 눈이 멀어 순수한 예지력이 흐려졌기 때문인지도 모르겠다.

물론 소설 속의 다쓰에와 나의 경우는 완전히 다르지만, 어릴 때 시작된 운명학에 대한 특별한 관심과 능력이야말로 내 운명을 결정짓는 계기가 된 것은 분명한 사실이다.

: 할머니 무릎 위에서 세상을 보다

어린 나를 운명학이라는 신비한 세계로 인도한 분은 바로 나의 할머니였다. 포목상을 했던 할머니는 통이 큰 여장부 스타일이었다. 술과 담배도 마다하지 않았고, 주위에는 늘 사람들이 모여들었다.

당시 할머니는 중국 비단을 수입해다 파는 무역을 하면서 중국 상인들에게 역학과 관상 보는 법을 배우셨다고 한다. 장사의 기본은 신용이기 때문에 사람을 한눈에 파악하는 능력이 필요했기 때문이리라. 특히 외국인을 상대로 하는 무역인지라 사람을 보는 직관력이 무엇보다 중요했을 것이라는 생각이 들었다.

"가만히 앉아서 숨쉬기를 반복해보렴. 다른 생각은 일절 하지 말고, 숨을 들이쉬고 내쉬는 그거 하나만 생각하는 거야. 그러면 마음과 정신이 맑아진단다."

할머니는 내가 일곱 살이 되는 해부터 참선을 가르치셨다. 참선이라야 무릎을 꿇고 숨쉬기를 반복하는 수준이었지만, 영문도 모른 채 할머니가 시키는 대로 곧잘 따라 했던 기억이 새롭다. 할머니는 참선이라고 하지 않고 그냥 숨쉬기라고만 하셨다. 지금 내 종아리가 예쁘지 않은 이유도 어릴 때부터 오랫동안 무릎을 꿇고 있었던 탓으로 돌릴 만큼 나는 참선을 열심히 했다.

"관상보다 더 중요한 건 심상이라는 걸 늘 생각해야 한다."

"눈동자가 검고 동그랗게 잘생긴 사람은 재운이 좋다."

"이마가 크고 잘생긴 사람은 인덕이 좋다."

숨쉬기에 어느 정도 익숙해지면서 할머니는 나에게 관상의 기초부터 하나씩 가르쳐주셨다. 그러면서 손금 보는 법과 사주팔자에 대해서도 알기 쉽게 설명을 되풀이하곤 하셨다. 물론 할머니의 설명을 제대로 알아듣기는 힘들었지만 내 스스로 재미있어했다는 것은 분명하다. 아마 할머니는 그런 손녀딸이 귀여웠는지 즐거운 마음에 점점 더 많은 공부를 시키셨던 것 같다.

또래 친구들이 한창 소꿉놀이를 하는 나이에 나는 할머니의 손에 이끌려 운명학의 세계에 발을 들여놓기 시작했던 것이다. 그리고 나이를 한 살씩 더 먹으면서 할머니의 손을 떠나 스스로 운명학이라는 넓은 바다에서 자유롭게 헤엄치게끔 되었다. 공부를 하면 할수록 운명학의 오묘한 세계가 간직한 매력은 나를 더욱 깊숙이 끌어들였다. 사람의 손금과 관상을 보고, 사주팔자를 풀이하면 그 미래가 윤곽을 드러낸다는 사실은 스스로 전율을 느낄 만큼 신기한 경험이었다.

나는 할머니에게 관상의 기본을 배우면서 명리학과 관련된 책을 구해다 혼자서 사전과 옥편을 찾아가며 공부를 하기도 했다. 어른에게도 어렵다는 명리학을 거의 독학으로 하다시피 파고들었다.

'천유불측지풍우, 인유조석지화복(天有不測之風雨, 人有朝夕之禍福)', 하늘에는 측량하기 어려운 비바람이 있고, 사람에게는 아침 저녁으로 바뀌는 화복이 있다. 이런 말들이 주는 무겁고 심오한 의미를, 사람들이 현실에서 살아가는 동안 겪게 되는 일과 연관 지어 풀어보고 싶은 생각이 들었던 것이다.

보통 사람들이 예측하지 못하는 하늘의 풍우를 예측하고, 조석으로 바뀌는 인간의 화복을 미리 감지할 수 있다니……. 낙엽 하나가 떨어지는 현상을 보고도 천하의 대세가 어디로 움직이는지 감지할 수 있다는 것이 얼마나 놀라운 일인가.

내게는 이처럼 신비한 운명학의 세계가 엄마에게는 끔찍한 일이나 다름없었다. 무슨 신기가 내린 것도 아니고, 한창 학교 공부를 해야 할 나이에 한문이 가득한 이상하기 그지없는 책을 끼고 사는 딸을 본다는 것은 차라리 고통이었으리라. 더욱이 할머니가 시키시는 일이니 드러내놓고 반기를 들기도 곤란하셨을 것이다. 더군다나 성적은 최상위권을 유지하는 딸이 취미 삼아 하는 공부를 강제로 그만두게 할 수도 없는 노릇이었을 터이다.

: 학창 시절에는 소문난 유명인사(?)

한번은 목욕을 하러 목욕탕에 갔다가 내가 사는 동네 아주머니가 목욕을 하면서 다른 아주머니와 이야기 나누는 것을 우연히 엿듣게 되었다.

"집을 팔려고 내놓았는데 집이 안 팔려 걱정이에요. 보러 오는 사람도 없고……."

나는 순간 아주머니의 얼굴을 찬찬히 들여다보았다. 아주머니의 눈과 눈썹 사이의 윗 눈꺼풀이 선명하지는 않지만 맑은 황색을 띠고 있었다. 또 좌우 눈썹 끝 관자놀이 부분이 조금 꺼져 있지만 색상이 맑고 깨끗했다.

"아주머니 집이 당장은 안 팔려요. 그렇지만 올겨울이 지나기 전에 팔릴 거예요. 그리고 이사하시면 새로 산 집값이 분명히 올라요."

나는 아차 싶었지만 이미 내뱉은 말이었다. 믿을 수 없다는 표정을 지으며 돌아보는 아주머니에게 "절대로 우리 엄마한테 제가 그랬다는 말씀 하시면 안 돼요"라며 신신당부를 했다. 엄마가 알면 혼찌검이 난다는 걱정이 앞섰기 때문이었다.

엄마는 주위에서 딸에 대한 소문이라도 듣는 날이면 "왜 공부는 안 하고 자꾸 쓸데없는 소리를 하고 다니냐?"며 걱정을 하셨다. 그래서 누군가에게 한 마디라도 했다면 혹시 엄마 귀에 들어가면 어떡하나 하고 고민하는 날들이 많았다. 나도 사랑하는 엄마가 싫어하는 일을 해서는 안 된다고 생각하면서도 운명학의 세계에서 빠져나올 수가 없었다.

중학교 2학년 때는 담임선생님이 내가 사주랑 관상을 잘 본다는 것을 알고는 이런 제안을 하셨다.

"정일아. 이번에 학급문집을 만드는데 우리 반은 다른 반 아이들이 절대로 할 수 없는 것, 특이한 것으로 '손금 보는 법'을 그림으로 그리고 설명하면 어떻겠니?"

나는 선생님의 갑작스러운 말씀에 조금 놀라기는 했지만 이내 고개를 끄덕였다. 그래서 친구들 몇몇이랑 며칠 동안 학급문집 만들기에 온갖 정성을 다 바쳤다.

손금을 일일이 그리면서 설명을 붙이는 일이 힘들긴 했지만, 나는 할 수 있다는 생각으로 최선을 다했다. 그렇게 손금 보는 법을 특집으로 꾸민 학급문집은 여러 선생님에게 많은 칭찬을 받았다. 덕분에 학교에서 나에 대한 소문이 더 퍼졌고, 나는 모르는 선생님과 학생들이 없을 정도로 유명인사(?)가 되었다.

운명학으로 세상을 내다보는 내 능력과 직관력은 사람들이 혀를 내두를 정도로 틀림이 없었다. 한 번도 내 판단을 스스로 의심해본 적도 없었다. 언제나 정확하게 맞아떨어졌기 때문이다. 그래서 중학교와 고등학교 시절에는 학교에서 나를 모르는 친구들이 없었다. 학교에서 모르는 친구들도 내가 지나가면 "야, 이정일 간다"며 뒤에서 수군거렸다.

일전에 어느 매체와 인터뷰를 하는데 내게 그때의 기분을 물어본 적이 있었다. 한창 예민한 사춘기 소녀가 또래의 관심사와는 관계없는 일로 많은 주목을 받는 기분을 알고 싶었을 것이다.

"모두들 수군대고 너무 많은 관심을 받게 되었는데 그게 싫지 않았어요?"

"괜찮았어요. 운명학을 공부하면서 내게 일어나는 일을 거부하면 결과가 좋지 않다는 것을 알았으니까요. 그리고 많은 사람에게 영향을 줄 수 있다는 걸 감사하게 생각해요."

어느 날 갑자기 할아버지 신이 내린 중학교 2학년짜리 여자 무

당의 이야기를 들은 적이 있다. 그 아이는 신이 내린 후 학교에만
가면 친구들이나 선생님들의 점을 보느라고 아무것도 할 수가 없
을 지경이었다는 것이다. 그래서 그 애는 학교를 그만두고 아예
내림굿을 받아서 무당이 되었다고 한다.

무속에서 말하는 신이나 신내림을 부정하는 것은 아니지만, 나
는 무속과는 관련이 없다. 내가 공부한 운명학은 유사 이래 인간
이 겪은 천지만물의 변화를 체계적으로 설명한 과학의 세계다.
내가 만약 미래를 내다보는 남다른 능력과 직관력이 있다면 그것
은 운명학이라는 과학적인 세계 안에서 이루어질 뿐이다.

: 사람의 운명은 늘 움직인다

사실 나는 학창 시절에도 간혹 친구와 선생님의 앞날에 대한
궁금증을 풀어주기는 했지만, 나머지는 지극히 평범한 대한민국
여학생의 모습과 하나도 다를 바가 없었다.

"나를 이용하는 거야?"

"내가 자기들 점이나 보는 사람이야?"

만약 내가 이런 생각을 하면서 학창 생활을 했다면 친구들이나
선생님들, 또 주변 사람들을 멀리했을 것이다. 그리고 나의 마음
도 참으로 힘들었으리라. 하지만 다행히도 나는 모든 일을 다 감

사하게 생각했다.

내가 좋아하는 친구들이나 선생님들의 앞날을 미리 얘기해줌으로써, 운을 잘 활용하도록 도와주는 일은 나만이 줄 수 있는 선물이었다. 또 그렇게 주위 사람들에게 나누어준 행복은 다시 몇 배가 되어 나에게로 돌아온다는 사실을 운명학을 통해 배웠기 때문에 감사할 수 있었다. 다만 지금까지 살아오면서 느꼈던 가장 큰 갈등은 내 안에 있는, 부모님께 인정받고자 하는 마음을 이겨내면서 운명학 공부를 해야 한다는 것이었다. 부모님은 지금도 내게 말씀하신다.

"너는 공부하기를 좋아하니까 더 공부를 해서 유학을 가면 좋겠다."

"너는 좋은 학교를 나왔고 공부도 잘했으니까, 박사까지 하고 어디 좋은 데 취직을 해서 남들처럼 편하게 살아라."

부모님이 내게 바라신 것은 행정고시에 패스해서 공무원이 되거나 박사학위를 마치고 교수가 되는 것이었다.

그러나 내 안에는 더 성장해야 할 무엇이 있음을 나는 잘 알고 있다. 사람은 때에 따라 해야 할 일이 따로 있기 때문이다. 그래서 적절한 시기에 자기 안의 여러 가지 모습 중에서 가장 편하고 남들보다 잘할 수 있는 일을 선택하는 게 중요하다. 그래야 마음이 편하고, 마음이 편해야 인생이 행복하고, 스스로 행복해야 부를 누릴 수 있다는 게 운명학의 기본적인 가르침이다. 나는 이 가르침을 그대로 실천하고 있을 뿐이다.

나는 지금도 우주의 법칙과 인간의 관계를 가르치는 동서양의 학문을 공부하는 일을 게을리하지 않고 있다. 다른 분야의 학문과 마찬가지로 운명학 공부도 끝이 없는 길이다. 내가 운명학을 공부하는 이유는 세상의 이치를 깨닫고, 인간의 운명을 정확하게 짚어내는 술사가 되고 싶었기 때문이다. 그리고 미래의 가능성을 읽어내는 동서양의 모든 학문과 기술들이 어떤 공통점을 가지고 있는지 비교해보고, 결과가 모두 똑같이 나오는지 몹시 알고 싶었기 때문이다.

나와 사주가 가장 비슷한 조선 시대의 명재상 한명회는 "오수중상유일국(吾手中常有一國: 내 손안에는 항상 한 나라가 있다)"이라고 큰소리를 쳤고, 천문과 지리, 그리고 인간사를 꿰뚫었던 중국의 제갈공명은 천하를 호령했다.

이들을 닮고 싶은 나는 누구일까? 이 질문에 대한 답을 얻기까지는 나도 오랜 시간과 많은 공부가 필요했다.

나는 어렸을 때부터 운명학에 관심이 많은 나를 발견했고, 그런 공부에 정신없이 빠져드는 나를 만났으며, 남의 미래를 예측하면서 행운과 재운을 충분히 활용하도록 도와주는 기특한 나의 모습을 만났다.

그리고 다른 사람의 운명 속에서 나의 진정한 모습들을 발견하는 것도 언제나 즐거운 경험이었다. 배가 지나간 자리는 흔적이 남지 않듯 어제의 나에 집착하지 않고, 언제나 새로운 나를 만날 수 있었던 것은 운명학이 내게 준 선물이라는 생각이 든다. 이렇게 나는 운명학을 공부하면서 사람의 운명은 늘 움직이는 것이며, 또 스스로 만들어가는 것이라는 사실을 새삼 깨닫고 있다.

세상의 모든 생명체는 우주의 법칙에 따라서 반응한다는 말과 우주는 단 하나 쿼크(물질의 기본적인 구성 입자로 추측되는 원자 구성 입자의 하나)의 오차도 허락하지 않는다는 말을 실감할 수밖에 없다.

운은 움직이는
과학이다

"무의식을 의식화하지 않으면 무의식이 우리 삶의 방향을 결정하게 되는데, 우리는 바로 이런 것을 두고 운명이라고 부른다."

스위스가 낳은 세계적인 심리학자 칼 융이 한 말이다. 칼 융은 "무의식이 정하는 삶의 방향이 운명이다"라는 표현으로 우리 안에 운명이 들어 있음을 강조했다.

운명은 무의식이 결정하는 삶의 방향이다

: 내 행운의 금고를 열어보자!

"엄청나게 많은 사람들이 깊이 있는 생각을 할 수 있는 무한한 가능성을 가지고 있다. 그러나 사람들은 대부분 이런 가능성을 현실화할 수 있는 적절한 환경을 갖추지 못하기 때문에 엄청난 능력을 가지고 있다는 사실을 알지 못한 채 죽는다. 백만장자로 태어나서는 거지로 일생을 살다가 죽는 것이다."

꿈의 세계적인 권위자로 알려진 스티븐 라버지가 한 말이다.

그렇다. 누구나 자신에게 주어진 행운의 금고가 있다. 그 안에는 무한한 잠재력이라는 금은보화가 가득하다. 하지만 보통 사람들은 그 행운의 금고에 금은보화가 가득하다는 사실조차 일생 동안 모른 채 지낸다.

행운의 금고가 있다는 사실을 모르니까 열어볼 생각을 못 하는 것도 어쩌면 당연하다. 또 단 한 번도 내 금고를 열어보지 못했기 때문에 어쩌다가 다른 사람이 자신의 금고를 열어 많은 금은보화를 가지는 것을 보면 그저 부러워할 뿐이다.

자기에게 주어진 행운의 금고를 열지 못하면 금은보화는 무용지물이다. 우리 주변에는 자신의 금고를 사용할 줄 몰라 품고만 있는 사람들이 너무 많다. 더욱이 자신에게 백만장자의 운이 있다는 사실을 끝내 모른 채 살아간다.

당신에게 주어진 행운의 금고를 열어보고 싶지 않은가? 나의 금고를 찾아내기 위해 지금 당신이 해야 할 일은 무엇일까?

나의 여러 가지 모습 가운데 가장 '강한' 모습을 찾는 것이다. 내 안에는 한 가지 모습의 '나'만 있는 것이 아니다. 친구를 만나 즐겁게 노는 나, 열심히 일하는 나가 있는가 하면 가족과 함께 편안한 시간을 보내는 나도 있다. 이처럼 내 안에 있는 여러 가지 '나'에 대해 정확하게 파악하는 게 제일 중요하다.

우선 여기서 '나의 모습'이라는 말은 다른 사람에게 비친 허상이 아니라 내 안의 실상을 의미하는 것으로 받아들이자.

그다음으로는 자신에게 드리워진 긍정적인 면과 부정적인 면을 모두 인정해야 한다. 부정적인 면은 내가 가진 장점의 뒷면이기 때문이다. 따라서 자신이 가진 불만이나 약점도 거꾸로 바라보면 장점이 된다. 그렇게 시선을 바꾸면 자기 안에 긍정적인 에너지가 가득 채워진다. 우리의 의식과 무의식이라는 기억창고에 긍정적인 경험과 결과를 차곡차곡 쌓아두는 것이야말로 행운을 불러들이는 데 꼭 필요한 일이기 때문이다.

: 운명의 과학적인 법칙

"무의식을 의식화하지 않으면 무의식이 우리 삶의 방향을 결정하게 되는데, 우리는 바로 이런 것을 두고 운명이라고 부른다."

스위스가 낳은 세계적인 심리학자 칼 융이 한 말이다. 칼 융은 "무의식이 정하는 삶의 방향이 운명이다"라는 표현으로 우리 안에 운명이 들어 있음을 강조했다. 여기서 운명이라는 말은 인간이 갖고 있는 무의식적인 경향이나 에너지를 의미하고, 내가 미처 인식하지 못한 내 안의 사고 패턴이 운명을 만든다는 것으로 해석할 수 있겠다.

우리의 의식과 무의식에는 무한한 에너지가 잠재되어 있다. 이

것은 우리가 삶을 살아가는 데 커다란 에너지로 작용한다. 내 안에 자신의 미래를 창조하고 움직이는 씨앗을 가지고 있다는 뜻이다.

그래서 내가 하는 말, 내가 하는 생각, 내가 하는 행동이 100퍼센트 모두 내게로 다시 돌아온다. 즉 인생은 의식적이건 무의식적이건 자신이 원하는 대로 살게 되고, 꿈꾸는 대로 이루어지는 것이다.

"최선을 다했는데 이번에는 운이 나빴어요."

"이번 계약 건은 정말 운이 좋았어요. 경쟁 업체로 거의 기울어졌다가 막판에 우리로 결정이 났다니까요."

"어려운 상대였는데 하늘이 도왔어요. 이번에는 꼭 금메달을 딸 수 있다는 자신감이 있었습니다."

세상만사가 때로는 우리가 원하는 대로, 때로는 그 반대 방향으로 흘러간다. 우리의 삶이 어느 쪽으로 흘러가든지 우연이라고 생각하지 말자. 내 말과 생각이 때로는 행운을, 때로는 불운을 불러들이기 때문이다. 그것은 운명의 과학적인 법칙에 따라 주어지는 것이며, 그것을 불러온 것도 당신이다.

들판에 흩어진 모든 꽃씨가 다 화려한 꽃을 피우는 것은 아니다. 반드시 크고 화려한 꽃을 피우려는 작은 꽃씨만이 그 소망을 이룰 수 있을 뿐이다.

모든 사람은 부자로 태어났다

: 자기의 그릇은 자기가 채운다

내가 지금까지 살펴본 3만 5,000여 명의 운명학 데이터를 보면 자신이 타고난 재운의 10퍼센트 정도밖에 활용하지 못하는 사람이 대부분이었다. 즉, 자신이 가진 재운은 거의 쓰지 않고 불운만 잔뜩 끌어다 쓴 경우가 대부분이었던 것이다. 분명히 더 부자가 될 수 있는 사람인데도 자신의 그릇을 제대로 채우지 못하고, 남의 행운을 바라만 보는 사람들이 우리 주변에는 많다.

왜 우리나라 사람들이 유독 자신이 타고난 재운을 다 써먹지 못하는 것일까? 어쩌면 남들과의 지나친 경쟁의식, 그리고 남의 눈을 지나치게 의식하는 체면 문화 등이 그 이유가 될지도 모르겠다.

지나친 경쟁과 체면을 의식하는 순간, 내 마음속에는 이미 불안의 싹이 자라게 된다. 그 불안의 싹이 자라면 내 안에 부정적인 에너지가 만들어지고, 그때 불운이 들어오기 쉽다. 즉 자신의 좋은 운을 스스로 발로 차버리는 격이다. 모두 진정한 자신과 타고난 재운을 알아보지 못해서 빚어지는 비극인 셈이다.

행운은 자신에게 집중할 때 저절로 굴러들어 오는 법이다.

사람은 태어나는 순간에 받은 우주의 여러 기운으로 재운을 담는 그릇의 크기와 모양이 어느 정도 형성된다. 물론 살아가면서 그의 기질과 의지에 따라 그릇의 크기와 모양이 바뀌기도 하는 게 운명의 특성이긴 하다. 또한 애초에 타고난 그릇이 아무리 작다고 해도 우리가 일생 동안 쓰고도 남을 만큼의 그릇이니 걱정할 필요도 없다.

즉 "내가 가지고 태어난 그릇을 채우고도 남으면 어떡하나?"라는 걱정은 하늘이 무너질 것을 걱정하는 기우에 지나지 않는다. 넘칠 것을 걱정할 게 아니라 모자람을 걱정해야 한다.

사람은 자신이 가지고 태어난 재운의 그릇에다 70퍼센트 정도만 채워도 풍요롭고 행복한 삶을 살면서 인생의 새로운 즐거움을 수없이 만날 수 있다. 누구나 빌 게이츠 같은 세계 최고의 갑부 팔자가 될 수는 없지만, 한 사람이 타고난 그릇의 크기는 그가 부자로 살기에는 충분하기 때문이다.

'큰 부자는 하늘이 내리고 작은 부자는 노력으로 이룬다'는 옛말이 있다. 이 말의 속뜻은 큰 부자가 되려면 스스로 하늘을 움직여야 한다는 뜻으로 이해해야 한다. 또 큰 그릇을 타고났다고 해서 다 부자가 되는 것도 아니다. 노력하지 않는 거지가 깡통만 크다고 해서 밥을 가득 채울 수 없는 이치와 같다. 그리고 큰 그릇을 타고났다고 해서 마냥 좋은 것만도 아니다. 바닥을 드러낸 자기 그릇을 보면서 신세 한탄을 하거나 남을 원망하면 그것만큼 불행한 일도 없기 때문이다.

: 두려움이 지배하는 인생에 행운은 없다

시속 200킬로미터를 넘게 달릴 수 있는 멋진 스포츠카를 가진 당신이 비포장 시골길을 시속 40킬로미터로 달린다면 스스로 손가락질을 할 일이다. 당신은 그저 스포츠카 위의 먼지만 열심히 닦으며 투덜대기만 할 것인가?

만약 당신이 두려움 때문에 비포장 시골길을 고집한다면 아무리 멋진 스포츠카라도 조만간 폐차 신세를 면치 못할 것이다. 두려움이 지배하는 인생에는 행운이 들어올 틈이 없기 때문이다.

부정적인 생각에 사로잡혀 있는 사람은 어떤 일이건 시작하기도 전에 이미 실패를 예감해버린다. 그리고 실패할 이유를 찾기에 바쁘다. 실패를 예감하고 시작한 일이 성공을 거둘 리가 만무하기 때문이다.

성공한 사람들은 성공할 이유를 찾느라 바쁘지, 실패는 안중에도 없다. 그들에게 애초부터 실패란 존재하지 않는 것이다. 그들은 다른 사람이 실패라고 여기는 것조차도 작은 성공이라 여기는 사람들이다.

"나는 많은 돈을 벌어서 의미 있는 인생을 살겠어."

"나는 꼭 큰 부자가 될 거야."

이제부터 이런 말을 입에 달고 살아보자. 그 말의 에너지가 이름도 얼굴도 모르는 어떤 행운을 당신에게로 끌어올 것이다.

그리고 당신이 진정으로 부자가 되기를 바란다면 스스로 운이 좋은 사람이라고 생각하라. 말이 씨가 되듯이 생각도 씨가 되는 법이다. 어떤 일을 할 때 동기가 된 감정이 그 일의 운명을 결정 짓는 중요한 요소가 된다는 사실을 반드시 명심하자.

자, 이제 당신의 멋진 스포츠카를 몰고 고속도로로 올라가자. 그리고 한번 신나게 액셀을 밟아보자. 분명 새로운 세상을 경험하게 될 것이다.

운은 움직이는 것이다

: 운을 믿어? 차라리 하늘에서 별을 따지

'간절하게 소망하면 이루어진다'는 말은 식상할 만큼 인구에 회자되는 말이다. 마치 사랑한다는 말에 너무 식상해서 아무런 감동이 없는 것처럼 말이다.

우리가 평소 자주 입에 올리는 운이라는 말도 마찬가지다. "운이 좋았다"거나 "운이 나빴다"는 말을 입에 달고 살면서도 별로 중요하게 여기지 않는다. 실제로 운은 우리 삶에 많은 영향을 미치지만 있는 듯 없는 듯 무관심하게 지나쳐버리는 것이다.

그리고 자신이 경험한 행운과 불운조차 개인의 의지나 노력과는 무관한 별개의 영역이라고 치부해버리기도 한다. 마치 운은 감나무에서 감이 떨어지듯 우연의 산물이거나 불로소득이라고 생각하는 경향이 짙다. 아니면 인간의 운명은 이미 결정된 것이라며 아예 운명론과 결부해버리는 경우도 있다.

"운이라는 거 미신 아니야? 난 그런 거 관심 없어. 차라리 하늘에서 별을 따지."

"일이 술술 잘 풀릴 때가 있잖아. 그리고 하는 일마다 이상하게 꼬일 때가 있고. 눈에는 보이지 않지만 뭔가가 있다는 느낌, 그게 운이 아닐까?"

우리가 일상생활에서 흔히 주고받는 말들이다. 이처럼 운에 대한 사람들의 생각은 각양각색이다.

나는 운이라는 말을 우리 안에 잠재된 무의식의 흐름으로 해석한다. 즉, 끊임없이 변화하지만 일정한 방향으로 진행하는 흐름이라는 뜻이다. 이러한 큰 흐름이 인간의 생사와 행불행, 그리고 일의 성패를 좌우한다.

내가 지금까지 공부하고 경험한 바에 따르면 운은 언제나 움직인다. 운명의 運 자도 움직인다는 뜻이다. 그래서 운명은 살아 움직이는 것이다. 천지만물의 이치를 다룬 『주역』의 易 자도 변하고 바뀐다는 뜻으로 풀이한다. 사람의 길흉화복이 결정되어 있다는 운명론이나 숙명론과 운의 성질은 거리가 멀다.

우리는 태어날 때의 얼굴 그대로 죽음을 맞이하지 않는다. 그러므로 이 책에서 말하는 운이라는 개념도 사람이 타고난 생김새 정도의 의미로 받아들여졌으면 한다.

: 명이 움직이는 것이 운명이다

사람마다 타고난 얼굴이 다르듯 자기에게 맞는 행운의 종류도 다르다. 따라서 내 안의 어떤 내가 어떤 종류의 행운을 불러오는 지 아는 게 중요하다.

누구나 태어날 때 녹(鹿, 재산), 권(權, 권력), 과(誇, 명예) 등의 세 가지 복을 가지고 태어난다. 이 세 가지 복이 서로 영향을 주고받 으며 한 인간의 인생살이를 꾸려간다고 할 수 있겠다. 물론 드물 지만 살아가는 동안 이런 세 가지 복을 다 누리고 삶을 마감하는 사람이 있다. 또 때로는 한 가지를 얻었는데 서로 상승작용을 하 면서 다른 복을 누리는 경우도 있다.

그러나 사람마다 끌어오기 쉬운 복은 따로 있다. 어떤 사람은 재산, 어떤 사람은 권력, 어떤 사람은 명예라는 식으로 자기에게 주어진 복이 따로 있는 셈이다.

좋은 운을 잘 활용하기 위해서는 자기가 진정으로 원하는 것을 해야 하듯, 이 세 가지 복도 마찬가지다. 그리고 하나를 손에 쥐 었다고 해서 다른 복을 얻기 위해 지나친 욕심을 부리면 모두를 잃을 수도 있다는 사실을 잘 알아야 한다. 명예운이 강한 사람이 부와 권력을 좇는다면 허망한 결과를 맞이하기 십상이기 때문이다. 또 자신이 가진 권력에 만족하지 못하고 부까지 움켜쥐려다 추락하는 사람을 얼마나 많이 보았는가.

"죽고 사는 것은 본래 정해진 명이 있고, 부하고 귀함은 하늘에 달려 있다. 모든 것이 이미 분수가 정해져 있는데 부질없는 인생만 저 혼자 바쁘도다."

공자는 『명심보감』의 순명(順命) 편에서 인간의 운명이 모두 정해져 있다면서 이런 한탄을 남긴 적이 있다. 또한 공자는 『논어(論語)』에서도 "천명을 알지 못하면 군자가 될 수 없다"면서 군자는 자기의 명을 알기에 무리한 욕심을 내지 않는다고 결론을 내리기도 했다.

여기서 말하는 '천명을 안다'는 것은 타고난 나의 성향과 기질을 안다는 것이다. 기가 움직이는 것을 기운이라 하고, 명이 움직이는 것을 운명이라 하듯, 나를 잘 알아야 변화무쌍한 인생살이가 편안하고 순조로워진다는 뜻이다.

나는 동양의 『주역』과 명리학, 관상, 수비학 그리고 서양의 현대 점성학과 경영학, 행정학을 두루 공부한 뒤 여러 사람들을 상담했다. 그러나 내가 만난 사람들 가운데 자기가 타고난 행운과 재운을 모두 누리는 사람들은 극히 드물었다. 자세히 살펴본 3만 5,000여 명의 운명 데이터 가운데 0.1퍼센트에 불과했다. 자기 자신이 누구인지를 잘 모르기 때문에 어떤 종류의 행운을 끌어올 수 있는지를 모르는 것이다.

내가 이 책을 쓰는 이유도 사람들이 자기 안에 잠재된 행운과 재운을 깨우면 지금보다 더 풍요롭고 행복한 삶을 누릴 수 있다는 단순한 진리를 전하고 싶기 때문이다.

행운도 불운도 내가 만든다

: 운의 법칙은 인과관계의 산물이다

우리의 인생살이에는 늘 길흉화복이 들락날락하게 마련이다. 이 길흉화복을 불러들이는 것은 다름 아닌 자기 자신이다. 행운도 불운도 자신이 만드는 것이다. 세상에 우연이라는 것은 없다. 내 생각과 내가 하는 말 모두가 나의 운명을 결정하고, 나의 행운을 부르는 힘이 되기 때문이다.

누구나 살아가는 동안 좋은 일을 많이 경험하게 된다. 좋은 배우자를 만나거나, 일류 대기업에 입사하거나, 갑자기 자기가 사는 집값이 껑충 뛰기도 한다. 회사의 핵심 부서에 인사발령이 나거나 파격적인 승진으로 동료들의 부러움을 살 때도 있다.

반면 어떤 사람은 너무나 불운하다. 실력에 비해 시험운이 없다든지, 자기가 산 주식이 반 토막이 났다든지, 이성 친구로부터 이유 없는 결별을 통보받기도 한다. 무능력한 상사를 만나기도 하고, 동료의 잘못을 뒤집어쓰거나 느닷없이 구조조정 명단에 이름이 올라 눈물을 삼켜야 할 때도 있다.

그때 당신은 어떤 생각을 하는가?

"내가 열심히 노력한 결과야. 어디 나만큼 열심히 사는 사람이 있기나 해?"

"이번 같은 파격 승진이 능력이 없었다면 가능이나 했겠어?"

"돈이 돈을 버는 거지. 역시 돈밖에 믿을 게 없다니까."

"이번에 출시한 대박 상품은 순전히 내 머리에서 나온 아이디어 덕분이라니까."

"나는 열심히 해도 되는 일이 없어. 왜 이렇게 하는 일마다 재수가 없지?"

"부잣집 아들을 만났으면 팔자가 폈을 텐데. 평생을 벌어서 집이나 하나 장만하면 다행이다."

잘되면 내 탓이요, 못되면 남 탓인가? 이런 생각으로는 내 운명을 제대로 지배할 수가 없다. 잘되어도 내 탓, 못되어도 내 탓이어야 한다. 행운과 불운이 모두 내게서 비롯된 것이기 때문이다.

그런데 행운을 넘어 횡재처럼 밀려오거나, 아니면 불운이 소나기처럼 한꺼번에 쏟아지는 경우도 종종 있다. 아니면 연이어서 터지는 작은 사고들, 집안의 겹경사, 손대는 일마다 대박 행진 등 특정한 일들이 특별한 인과관계 없이 일어나는 것이다. 그리고 갑자기 로또에 당첨되기도 하고, 또 뜻밖의 귀인을 만나 인생이 술술 풀리기도 한다.

이것은 무엇을 의미하는가? 단순히 일회성 이벤트로 여기고 무의미한 일로 치부해버릴 것인가. 아니다. 이때는 자신의 운이 바뀌고 있다는 걸 감지해야 한다. 모든 일에 원인과 결과가 있듯이 운의 법칙도 철저한 인과관계의 산물로 받아들이는 게 아주 중요하다. 그리고 그것이 행운인지 불운인지, 아니면 일회성인지 연속성인지에 대해 파악한 다음 운의 성격에 따라 대응 방법이 달라야 한다.

예를 들면 친구의 손에 이끌려 동창회에 참석했다가 10년 넘게 연락도 없었던 친구를 만나 비즈니스 거래를 하면서 큰돈을 벌 기회가 생길 수 있다. 그리고 가벼운 감기로 병원에 들렀다가 의사의 도움으로 암 등 큰 병을 초기에 발견해 완치하는 경우도 있다. 반대로 복권 당첨이 오히려 집안의 분란과 경제적 파탄으로 귀결되기도 한다. 이처럼 불운이 행운으로, 행운이 불운으로 뒤바뀌기도 하는 것이다.

이런 모든 일을 내가 만들어내는 것이기 때문에 행운과 불운도 그 인과관계를 살피면서 좋은 방향으로 이끌어나가는 게 중요하다.

: 행운은 늘 제 시간에 맞추어 온다

우리에게 행운과 불운이 생기는 이유는 내 안에 여러 가지 모습이 존재하기 때문이다. 언제나 감사하고 일을 즐길 때는 좋은 운이 지속되고, 불안에 휩싸이거나 질투와 나태함에 무릎을 꿇게 되면 자연히 불운을 불러들이게 된다.

우리에게는 다양한 감정(의식과 무의식의 영역)이 존재하고, 그 감정의 파동에 맞는 운을 불러들인다. 예를 들면 우리 내부에는 다양한 방송국(내 안의 나)을 가지고 있으며, 내가 주파수(감정)를 맞추는 대로 방송(운)이 흘러나오는 것이다.

그리고 운에는 타이밍이라는 것이 있다. 주파수만 맞춘다고 해서 곧바로 그 주파수에 맞는 방송(운)이 나오지 않는 이유는 타이밍 때문이다. 즉, 지금 긍정적이고 감사한 마음의 주파수를 가지고 있다고 해서 당장 행운이 생기는 것은 아니라는 얘기다. 마찬가지로 누구를 저주한다고 해서 당장 나쁜 일이 생기지도 않는다.

그렇다고 조바심을 내면서 행운을 불러들이는 주파수를 마구 바꾸어서도 안 된다. 행운에게도 시간이 필요하기 때문이다.

여기서 타이밍이라는 것은 운이 작용하는 시기다. 내 안의 여러 가지 모습 가운데 하나가 아주 강하게 발달한 시기가 있다면 이른바 '대운'이 들어온 시기라고 할 수 있겠다.

예를 들면 경쟁이나 노력이 필요할 때 열정적인 모습이 강하게 발달하면 기대 이상의 행운을 잡게 되거나 기적 같은 일이 일어나는 것이다.

말콤 글래드웰은 속칭 대박을 낸 상품들의 티핑 포인트를 설명하면서, 허시 파피라는 히피 전용 신발과 100만 권 이상 팔린 베스트셀러의 판매량도 처음에는 아주 조금씩 늘어나다가 어느 순간 폭발적으로 증가한다는 예를 제시했다.

처음에는 미미하게 진행되다가 어느 순간 폭발하듯이 상승곡선을 그리기 시작하는 타이밍이 티핑 포인트라는 것이다. 이른바 횡재를 얻는 타이밍으로 볼 수 있겠다.

그러나 일반적으로 행운은 계단식으로 상승하는 특징을 보인다. 한 번 올라간 다음 멈추고, 다시 조금씩 오르는 성질을 가지고 있다는 의미다. 즉, 증권시장의 전형적인 상승 장세처럼 숨고르기를 하면서 우리에게 다가오는 것이다.

때문에 행운은 편안한 마음가짐을 가지고 즐긴다는 자세로 받아들이는 게 바람직하다. 행운은 언제나 제 시간에 맞추어 오기 때문이다.

춘하추동 계절의 변화를
막을 수는 없다

: IMF 때 아버지 회사가 부도

IMF 시절 사업을 하시던 아버지 회사의 부도로 집에 차압이 들어오고 큰 홍역을 치른 일이 있었다. 고등학교 때 이를 미리 알고 있었던 나는 아버지한테 두어 번 말씀드리기도 했다.

그러나 아버지는 내 말은 들은 척도 하지 않고 단호하게 말씀하셨다.

"지금 연구개발도 한창이고, 여러 가지로 잘 돼가는 중에 무슨 소리야? 걱정 말고 그저 너는 네 공부나 해라."

믿어주지 않는 데야 도리가 없었다. 나 혼자 마음의 각오를 하면 되는 것이지, 괜히 입 밖으로 말을 꺼내 집안에 분란을 일으켰구나 하는 생각마저 들었다. 마침 입시를 앞둔 나는 공부에만 매달렸다.

하지만 결국 대학교 1학년 때 내가 걱정하던 일이 현실로 나타났다. 동생한테 삐삐로 연락이 왔기에 전화를 하니, 집에 빚쟁이들이 찾아오고 발칵 뒤집혔다는 것이다.

사실 나는 드디어 올 것이 왔구나라는 담담한 심정이었다. 큰일이 닥칠수록 이상하리만큼 평화로워지면서 동시에 강한 내 안의 나를 발견하게 되는 것은 운명학을 공부했기 때문일까? 당황한 어머니와 동생을 안정시키면서 동요하지 말고 편하게 생각해야 한다고 다짐을 주었다.

"이럴 때일수록 마음의 안정이 가장 중요해요. 그래야 일이 쉽게 풀리니까요. 곧 도와줄 사람도 나타나구요. 걱정하지 마세요."

아무리 과학이 발달한다 해도 춘하추동 계절의 변화를 막을 수는 없고, 우박이나 소나기가 내리지 않게 할 수도 없다. 마찬가지로 누구나 인생에서 힘든 시기가 닥쳐오는 것을 피할 수는 없는 법이다. 우리는 완벽하지 않기에 완벽한 인생을 살 수는 없다. 그러나 힘든 시기가 있음으로써 더욱 온전한 인생을 살 수 있음을 나는 이때 가슴 깊이 느낄 수 있었다.

겨울을 피하려는 어리석음에 매달리기보다는 겨울이 와도 웃을 수 있는 강함을 발견할 때 삶은 한층 더 아름다워진다. 운명학의 가르침 역시 추운 날씨에 대비해 미리 두툼한 옷을 입음으로써 건강을 지키자는 것이지, 겨울이 오지 않도록 막아주지는 못한다. 단, 따뜻한 봄이 언제 올 것인가를 미리 예측함으로써 구체적인 희망을 가지게 만든다.

그때 내가 흔들리지 않을 수 있었던 이유도 집안 문제가 어떤 과정을 거쳐 언제쯤 해결될 것인지를 알고 있었기 때문이다.

: 행복과 불행은 자신의 마음에 달렸다

가족들에게도 내 자신감이 전염된 것일까. 집을 담보로 재판이 세 개나 걸려 있었고, 그 밖에 처리해야 할 일들도 산더미 같았지만 시간이 지나면서 우리 가족 사이에는 전보다 더 따뜻한 분위기가 감돌기 시작했다.

아버지는 평소보다 우리 가족을 더 많이 배려하려고 애쓰는 모습이셨다. 어머니 역시 어차피 힘든 시기가 온다면 가족 누군가가 아픈 것보다는 낫지 않으냐며 힘을 내셨다.

예상했던 대로 재판과 집 문제는 해결하는 과정이 쉽지는 않았지만 결국 무사히 마무리되었다. 그리고 우리 가족은 전보다 한층 더 단란해졌다.

아버지는 그동안 회사 일에 매달려 당신의 큰 장점인 배려심과 이해심을 잘 발휘하지 못하고 있었다. 그러나 회사 부도를 경험한 후로는 다시 사람 사이의 관계를 중시하는 이전의 모습을 되찾으셨을 뿐 아니라 얼굴도 한결 편안해지셨다.

그러자 쉽지 않은 일인데도 불구하고, 쉰이 넘은 나이에 새로 시작한 사업도 순조롭게 자리를 잡게 되었다. 어려운 경험을 하면서 되찾은 아버지 본래의 장점, 그것이 좋은 운을 부르는 원동력이 된 것이다.

우리가 살면서 겪게 되는 행복과 불행은 사람마다 그 기준이 다르기 때문에 한마디로 정의하기란 불가능하다. 인간의 행복과 불행은 자신의 마음가짐에 달렸다는 얘기다. 그러나 이 말은 스스로 행복의 기준을 낮추면 인생만사가 다 편안해진다는 의미는 아니다.

분명히 우리 모두는 행복하게 살도록 태어났다. 당신이 지금 꿈꾸는 그 이상의 행복을 얼마든지 누릴 수 있다. 따라서 행복의 기준을 낮출 게 아니라 점점 더 크게 키우며 살아야 한다.

행운을 가로막는
치명적인 3가지 감정

"저 사람은 실력보다 운이 좋아."

"남들보다 실력이 월등한데 운이 안 따라주나 봐?"

"저런 못된 인간한테서 돈이 떠나질 않으니 하늘도 무심하시지."

우리가 살아가는 동안 많이 듣거나 쓰는 말이다. 그렇다. 이상하게 좋은 운이 문전성시를 이루는 사람이 있고, 하는 일마다 꼬이는 사람이 있다. 게다가 남에게 피해를 주면서도 돈을 벌어 떵떵거리며 잘사는 사람이 많은가 하면, 착하기만 한 사람이 늘 가난하게 살아가는 모습을 보면 누구나 세상이 참 불공평하다고 생각할 것이다.

부잣집 아들로 태어났거나, 아니면 부모로부터 물려받은 시골 논밭이 금싸라기 땅으로 바뀌어 졸지에 부자가 된 친구들도 있을 것이다. 그리고 같은 날, 비슷한 실력으로 입사했는데 승진에서 앞서가는 동기들이 있을 수 있다. 내가 외면한 주식을 누군가 사서 대박 행진을 이어갈 수도 있고, 부잣집 아들딸과 결혼해 주위의 부러움을 살 수도 있다.

그렇다고 그들을 질투하고, 당신 자신에게 실망할 것인가? 그럴 필요가 없다. 당신도 다른 사람이 부러워할 만큼의 충분한 행운과 재운을 타고났기 때문이다. 아직 당신이 타고난 좋은 운을 활용하지 못했거나, 때가 아닐 뿐이다.

: 사촌이 땅을 사면 배가 불러야 한다

욕심이 지나치면 해악이 되듯이 좋은 운을 불러들이기 위해서 가장 먼저 버려야 하는 감정은 남을 향한 질투와 스스로를 비난하는 후회, 그리고 죄책감이다. 이 세 가지 감정은 나를 망칠 뿐 아니라 그 부정적인 에너지가 내 안의 좋은 운까지도 밀어내 버리는 결과를 초래한다.

물론 우리의 생각들이 여러 갈래의 감정을 만들어내는 게 인지상정이지만 특히 행운을 가로막는 세 가지 감정을 주의해야 한다.

이 세 가지 감정 가운데 먼저 질투라는 감정을 살펴보자.

우리는 흔히 '사촌이 땅을 사면 배가 아프다'는 말을 아무렇지 않게 내뱉는다. 다른 사람이 돈을 벌거나 잘될 때 은근히 생기는 질투심의 표현이다. 이런 부정적인 마음으로는 행운을 불러들이기가 힘들다. 남에게 주어지는 행운을 인정해야 내게도 행운의 여신이 미소를 짓는다.

따라서 사촌이 땅을 사면 배가 아프기보다는 배가 불러야 한다. 기분이 좋아진 사촌이 밥 한 끼라도 대접을 하기 때문이다. 만약 땅을 산 사촌을 부러워한다면 나도 땅을 살 수 있다는 희망을 가지고 있다는 증거다.

그렇게 질투하는 마음은 버리고 차라리 사촌의 땅을 열심히 갈아주다 보면 그 옆에 더 좋은 땅을 얻을 수 있는 기회도 생긴다. 사촌의 땅만 바라보고 땅을 치면서 통곡한다고 하늘에서 땅이 떨어지기야 하겠는가?

질투는 내가 가지지 못한 것을 다른 사람이 가지고 있다는 환상에 대한 부정적인 대응이다. 만약 이웃의 부자를 질투한다면 그것은 '부자인 나의 모습'을 부정하는 것과 다를 바가 없다. 따라서 부자가 될 재운을 내 스스로 막아버리는 꼴이다.

내가 누군가를 질투하면서 내 안의 부정적인 에너지와 씨름하는 동안 좋은 운은 자꾸만 멀어지게 된다는 사실을 기억하자.

또 내 안에 후회나 죄책감을 키우는 일도 질투만큼이나 바람직하지 않다. 후회나 죄책감 같은 것은 과거에서 파생되는 현재의 감정이다. 과거란 어디까지나 미래로 나아가는 지렛대로 삼아야지, 스스로 발목을 잡는 족쇄로 작용해서는 안 될 일이다.

: 후회나 죄책감은 과거에 연연하는 대가

내가 아는 B변호사는 법조계에서 꽤 유명한 사람이다. 모두들 부러워할 정도로 부잣집 딸과 결혼했고, 법조인으로도 출세가도를 달려왔다. 변호사로 개업한 후에도 승승장구는 이어졌다.

누가 그런 B변호사에게 남모를 슬픔과 아픔의 흔적이 있을 것이라고 상상이나 했겠는가. B변호사 자신의 말처럼 아무도 그가 불행한 삶을 살았다고는 믿지 않을 것이다.

겉으로 드러난 자신의 유일한 콤플렉스라면 가난한 집안 출신이라는 게 전부인데, 이런 콤플렉스 정도는 자신이 남다른 출셋길을 걸으면서 예전에 극복한 감정에 지나지 않았다.

하지만 그런 B변호사를 줄기차게 괴롭힌 것은 좌판행상을 하며 자신을 뒷바라지한 어머니에 대한 죄책감이었다. 결혼을 한 후로 부잣집의 데릴사위나 마찬가지로 사는 동안 일찍 돌아가신 어머니를 제대로 돌보지 못했다는 회한 때문이었다.

그는 이런 죄책감에 시달리면서 자신은 행복하면 안 된다고 마음속으로 되뇌며 스스로에게 주문을 걸었던 셈이다. 결국 그는 자신이 생각한 것처럼 결혼과 이혼을 되풀이하면서 결코 행복하지 못한 삶을 살고 있다.

B변호사가 가지고 있는 죄책감은 자신과 어머니를 가해자와 피해자의 관계로 규정한 결과다. 즉, 인간관계를 대립 구도로 파악하기 때문에 자신을 가해자 아니면 피해자로 생각해 스스로 불행을 자초하는 것이다. 피해의식은 스스로를 피해자로 만들고, 죄책감은 스스로를 가해자로 만들 뿐이다.

마찬가지로 후회라는 감정도 과거의 잘못을 돌아보는 과정을 통해 오히려 우리의 내면(의식이건 무의식이건)에 고착화되기가 십상이다. 이런 경우에는 과거의 잘못이 우리 안에서 패턴화되어 똑같은 실수를 반복하는 결과를 낳게 된다.

우리가 남을 질투하는 마음을 갖거나 내 자신을 향한 후회나 죄책감을 갖는 것은 모두 과거에 연연한 대가들이다. 중요한 사실은 이미 지나간 과거의 시간을 부여잡고 있는 동안 미래의 시간은 결코 오지 않는다는 것이다.

좋은 운이건 나쁜 운이건 우리의 운은 과거에서 오는 게 아니라 미래로부터 온다. 그래서 언제나 지난날의 잘못까지도 긍정하는 자세로 오늘을 열심히 살아가면서 내일의 희망과 손을 잡는 게 중요하다.

희망이라는 단어에는 밝고 긍정적인 에너지가 가득하다. 희망

은 우리가 살아가면서 평생 동안 이루어야 할 꿈이고 이상이기
때문이다.

꿈이나 이상은 크면 클수록, 구체적이면 구체적일수록 좋다.
우리가 꿈과 희망을 가지고 있다는 것은, 그것을 이루기 위해 간
절히 소망하고 또 끊임없는 열정을 가지고 앞으로 나아간다는 것
을 의미하기 때문이다.

불행 뒤에는 언제나 행운이 있다

: 떨어지지 않은 10%의 사과가 희망이다

오래전 가을, 일본 아오모리현의 농민들은 한탄과 슬픔에 빠졌다. 큰 태풍이 휩쓸고 지나간 탓에 일 년 내내 애써서 재배한 사과의 90퍼센트가 다 떨어져버렸기 때문이다. 워낙 사과 재배를 많이 하는 고장이라 지역 경제도 큰 타격을 입었다.

하지만 그 가운데 한 농민만은 "괜찮아, 괜찮아"라고 되뇌며 슬퍼하지 않았다. 그는 사과나무에 매달린 채 아직 떨어지지 않은 10퍼센트의 사과를 발견하고, 남아 있는 것만이라도 팔아야 한다는 생각에 매달린 것이다.

"떨어지지 않은 나머지 10퍼센트의 사과에 '절대 떨어지지 않는 사과'라는 이름을 붙여서 팔아보면 어떨까?"

이 농민의 엉뚱한 발상은 일본 전체를 발칵 뒤집어 놓았다. 그는 태풍에도 살아남은 사과의 부가가치와 희소성을 무기로 그 사과에 보통 사과의 10배 이상 되는 비싼 값을 매겼다. 사과의 이름은 당연히 '떨어지지 않는 사과'였다.

우리 못지않게 입시 경쟁이 치열한 일본에서 '떨어지지 않는 사과'는 화제를 불러일으키며 일약 전국적인 인기 상품이 되었다. 태풍에도 떨어지지 않고 살아남은 그 사과는 일약 브랜드 상품이 되어 수험생들에게 폭발적인 사랑을 받게 된 것이다.

좋은 운이란 때로 위기라는 옷을 입고 온다. 위기의 옷 모양에 속지 말고 '떨어지지 않는 사과'의 교훈을 기억하자. 사람들이 모두 땅에 떨어진 90퍼센트의 사과를 아까워하고 절망하며 한숨을 쉴 때, 10퍼센트의 떨어지지 않은 사과를 보고 끝까지 희망의 끈을 놓지 않은 농민은 그야말로 대박의 행운을 얻었다.

"하늘도 무심하시지. 내가 얼마나 피땀을 흘리면서 농사를 지었는데……."

그 농부가 이미 떨어져서 상품의 가치가 없어져버린 사과를 들여다보며 이런 원망을 늘어놓았더라면 '떨어지지 않은 사과'를 활용할 수 있는 행운은 도망가 버렸으리라.

: 운명학은 인생살이의 처세술이다

운명학을 공부한 나는 자신 있게 말할 수 있다. 위기는 반전의 기회를 감추고 있으며, 큰 불행은 그 이상의 행운이 뒤따라올 징조인지도 모른다고. 극한의 상황에서도 희망을 잃지 않으면 우주의 빅뱅처럼 행운이 대폭발을 할 때가 있다.

만약 갑자기 닥친 불행 앞에서 두려운 마음이 생기더라도 내 안의 자신을 믿고 미래를 긍정하는 모습이 존재한다면 불운이 행운으로 바뀌는 기적 같은 일이 일어나는 것이다.

행운이건 불운이건 개인의 통제가 불가능한 상황과 맞닥뜨리게 될 때도 당신은 운이 좋은 사람이어야 한다. 당신에 대한 믿음이 우주를 움직이게 하며, 행운은 당신이 간절하게 원하는 방향으로 움직인다는 사실을 믿어야 한다.

물론 지금까지 내가 만난 수많은 사람들 가운데 이런 운명의 특성을 알고, 또 운명을 자신이 만든다는 것을 의식한 사람은 많지 않았다. 운명은 우리가 바꿀 수 없는 고정불변의 무엇이라고들 여기고 있기 때문이다. 그러나 이것은 운명에 대해 우리가 가지고 있는 잘못된 고정관념에 불과하다.

앞서 이야기했지만 인간의 운명은 움직이는 것이다. 변화무쌍한 우주처럼 말이다. 그리고 내가 공부하고 있는 운명학도 한 사람의 정해진 미래를 내다보는 것에 국한되지 않는다.

오히려 언제나 변한다는 우주의 법칙에 우리가 어떻게 대응할
것인가에 대한 최선의 대처법과 전략을 다루는 것으로 운명학을
받아들이자. 즉, 우리가 인생에서 취해야 할 효과적이고 과학적
인 처세술로 생각하면 될 것이다.

부를 부르는
운의 법칙

우리가 타고나는 행운과 재운도 하늘에서 내리는 눈과 같다. 그릇의 크기와 모양은
다르지만 행운과 재운을 타고나지 않는 사람은 없기 때문이다.
지금 하늘에서 눈이 펑펑 내리고 있다. 좋은 운을 타고난 당신은 대문을 활짝 열고
나가 눈사람을 만들어야 한다.

눈이 올 때는 눈사람을 만들어라

돈은 겨울 하늘에서 내려오는 하얀 눈과 같다. 세상의 모든 사람에게 하늘이 내리는 공평한 축복이다. 당신은 하늘이 내린 축복을 누리고 나누면서 쌓아야 한다.

함박눈이 펑펑 내리는 어느 마을의 정경을 상상해보라. 모두들 거리로 뛰쳐나와 두 팔을 벌린 채 여기저기 뛰어다니며 하늘의 축복을 즐기는 모습이 눈앞에 선할 것이다. 그리고 몇몇은 무리를 지어 뭉친 눈을 손에 들고 눈싸움을 하느라 시간 가는 줄을 모른다.

맞아서 기분이 좋고, 때려서 기분이 좋다. 하늘이 내린 축복이기 때문이다. 그리고 마을 공터 한쪽에서는 몇몇이서 열심히 눈사람을 만들고 있다.

어릴 때 눈사람을 만들어본 경험이 있을 것이다. 처음에는 작은 눈덩이부터 먼저 만들어야 한다. 작은 눈덩이가 만들어지면 그걸 굴려야 점점 커지게 된다. 눈덩이를 혼자 굴려서 어느 정도 커지면 선택을 해야 한다.

이 정도의 크기로 눈사람을 만들지, 아니면 다른 친구들의 도움을 받아 더 큰 눈사람으로 만들지를 말이다. 나 혼자서 눈덩이를 굴릴 수 없을 만큼 커진 다음에는 다른 누군가의 도움을 받아야만 한다. 많은 사람들이 도와주면 줄수록 당신의 눈사람은 점점 더 커질 것이다.

물론 작은 눈덩이를 만들다가 힘들어서 눈사람 만들기를 포기해버린 친구들도 있다. 그리고 혼자서 작은 눈사람을 여러 개 만들 수도 있고, 여러 사람의 도움을 받아 아주 큰 눈사람을 만들 수도 있다.

자, 당신은 눈이 내릴 때 무엇을 할 것인가? 그냥 마을 공터에서 뛰어만 다닐 것인가, 눈싸움을 할 것인가, 아니면 눈사람을 만들 것인가?

아마 부자가 되려는 당신은 눈사람을 만들 것이다. 그런 당신 주위로 많은 친구들이 모여들 것이다. 당신이 큰 눈사람을 만들겠다는 의지와 목표를 가지고 있다는 사실을 알고 있기 때문이다. 그리고 당신도 누군가의 조력 없이는 눈사람을 만들기가 힘들다는 것을 잘 알고 있다.

: 피나는 노력으로 부자가 될 수 있다고?

일반적으로 부자들은 다른 사람을 통해 부를 끌어들이는 좋은 운을 가지고 있다. 그리고 자신의 운을 잘 활용하면서 주위의 다른 사람들까지도 운이 좋아지게 만든다.

부자 주위에 부자가 많은 이유도 다른 사람의 모습을 통해 '부자인 나의 모습'을 보기 때문이다. 즉 사람은 내 안에 존재하는 본래 모습대로 다른 사람을 본다는 의미다. 따라서 부자인 나의 모습이 비추어지는 사람들을 주위로 자연스럽게 끌어들이는 것이다.

혼자 힘만으로 부자가 된 사람은 없다. 흔히 사회적으로 성공하거나 부를 일군 사람들이 매스컴에 등장할 때는 개인의 피나는 노력만이 부각된다. 당신도 나처럼 독하게 노력만 하면 부자가 된다는 식이다.

그러나 노력이라는 말은 당신에게 긍정적인 꿈과 희망을 심어주기보다는 오히려 부정적인 실패의 예감을 각인시키기 쉽다.

물론 개인의 노력으로 부자가 될 수 없다는 뜻은 아니다. 오히려 부자가 되려는 꿈을 실현하기 위해 개인의 노력은 필수적이고 또 권장해야 할 일이다. 그러나 피나는 노력이 아니라 즐거운 노력이어야 한다. 즐겁게 일하는 사람일수록 쉽게 돈을 벌어들이기 때문이다. 그래야 돈 버는 일이 행복하고, 또 행복해야 부자가 된다.

내가 아는 성공한 사람들이나 부자들은 성공의 이유를 밝힐 때 자신은 운이 아주 좋았노라고 당당하게 말한다. 혼자의 노력과 능력으로 부자가 됐다고 말하는 사람은 별로 보지 못했다.

그리고 그들은 역으로 실패를 했을 때도 자신의 불운을 탓하기보다 남아 있는 작은 행운이라도 찾으려고 하는 사람들이다. 우리의 삶이 이어지는 동안 행운이 불운으로, 또는 불운이 행운으로 언제든지 뒤바뀐다는 사실을 알고 있기 때문이다.

우리가 타고나는 행운과 재운도 하늘에서 내리는 눈과 같다. 그릇의 크기와 모양은 다르지만 행운과 재운을 타고나지 않는 사람은 없기 때문이다.

지금 하늘에서 눈이 펑펑 내리고 있다. 좋은 운을 타고난 당신은 대문을 활짝 열고 나가 눈사람을 만들어야 한다.

부자가 되는 손쉬운 방법이 있다

: 다른 사람의 소원을 이루어주는 운명

어릴 때 할머니로부터 관상과 손금 보는 법, 그리고 역학을 배우지 않았더라면 지금 어떤 길을 걷고 있을까를 생각해본다. 학교를 졸업하고 취직 시험 공부를 열심히 해서 번듯한 직장에 들어가 촉망받는 사원이 되었을까?

아무래도 모를 일이다. 한 가지 분명한 사실은 신 내린 무당이 아닌지라 충분히 지금과는 다른 삶을 살 수 있었을 거라고 짐작할 뿐이다. 그런데 내 안의 무엇이 나로 하여금 운명학에, 정말 말 그대로 운명처럼 끝없이 끌려 들어가게 했을까?

어릴 때 기억을 더듬으면 "나는 이 공부가 재미있다"는 기억이 있다. 그리고 내가 공부한 것을 가지고 다른 사람의 앞날을 내다볼 수 있다는 게 무엇보다 신기했다. 중고등학교 시절부터 내 안에 믿음이랄까, 이 공부로 분명히 사람들이 더 행복해지도록 도움을 줄 수 있다는 자기 확신이 뚜렷하게 자리 잡았다.

그리고 어른이 된 뒤로는 무엇보다 사람은 누구나 부자가 되고 소원을 이룰 수 있으며, 그 원천이 되는 자신이 누구인지를 알게 하는 게 운명학의 가르침이라는 사실을 깨달았다.

운명학은 분명하게 모든 사람이 행복하게 살 수 있고, 또 부자가 될 수 있음을 가르치고 있다. 단지 사람들이 그 방법을 모를 뿐이다. 그래서 나는 사람들에게 행복한 부자가 되는 손쉬운 방법이 있다는 사실을 알려주고 싶었다.

소설 『상도』를 보면 주인공 임상옥이 가난한 살림을 면하기 위해 새벽부터 밤늦게까지 오로지 일만 하는 장면이 나온다. 그런데 그런 임상옥에게 당대 최고의 부자였던 홍득주는 칭찬을 하지 않고 오히려 호통을 친다.

"그런다고 돈이 많이 벌리는 줄 알아?"

열심히 일하고 노력만 한다고 해서 부자가 되는 게 아니라는 홍득주의 호통에서 읽을 수 있는 것은 어떻게 해야 부자가 될지를 먼저 생각하라는 것이다.

누구나 그저 열심히 일을 한다고 부자가 될 리는 만무하다. 그리고 재운이 좋지 않은 시기에 열심히 움직이면 오히려 손해를 볼수도 있다. 목적지도 정하지 않고 그저 앞만 보고 길을 걷는 것은 아무런 목표나 생각 없이 삶을 이어가는 것에 지나지 않는다.

: 아직도 옆집에 사는 부자가 미운가?

인생에서 기회는 버스처럼 지나간다. 그걸 잡으려면 내가 정말 가고 싶은 목적지가 어디인지를 항상 생각하고 있어야 한다. 가야 할 목적지도 정하지 않고, 무작정 버스가 오기만을 기다려서는 안 된다. 그리고 정류장에 멈춰 서는 아무 버스나 덥석 올라타서도 안 된다.

반드시 당신이 가고 싶은 목적지인 부자의 길을 가는 버스를 골라 타야 한다. 그 버스에는 먼저 탄 부자들이 많이 있으리라. 그들이 그 버스를 먼저 탔다고 미워하거나 싫어하지 말자.

오히려 그들은 당신을 환영할 것이다. 어쩌면 이전에 들렀던 부자 마을에 대한 이야기를 당신에게 즐겁게 들려줄지도 모른다.

만약 지금 당신이 가난하더라도 버스에서 만난 부자 친구와 같이 있으면 마음이 편해야 한다. 부자 친구도 그런 당신을 편하게 생각하고 좋아할 것이다. 부자 친구는 좋은 운을 제대로 활용하는 방법을 알고 있을 것이고, 더불어 당신의 재운을 더 좋게 만들어줄 것이다.

"지금까지 내가 살아온 걸 봐도 나는 운이 좋은 편이야. 내게는 이상하게 좋은 일만 생기거든. 앞으로도 모든 일이 내가 원하는 대로 잘 풀릴 거야."

이런 말을 자신 있게 할 수 있으면 당신에겐 행운과 재운이 늘 붙어 다닌다. 이제 당신이 타고난 재운의 그릇에 부를 가득 채우는 것은 당신의 몫이다.

돈에 대한 두려움을 없애라

"당신은 마음 편하게 얼마까지 지갑 안에 돈을 넣어 가지고 다
닐 수 있나요?"

만 원, 10만 원, 아니면 100만 원. 아니 그 이상이어도 상관은
없다.

혹시 이런 반문이 나올지도 모르겠다.

"요즘 현금을 많이 가지고 다닐 필요가 없잖아. 카드 한 장이면
만사 OK인데."

그러나 현명한 당신은 이미 내 질문의 의도를 알아차렸을 것이
다. 물론 불필요하게 많은 현금을 군이 지갑에 넣어 다니라는 이
야기가 아니다. 결론부터 말하자면 당신이 지니고 다니는 데 편

안한 만큼의 액수가 당신에게 편안하게 들어오는 돈의 액수와 비슷하다는 얘기를 하고 싶다.

100만 원이건, 그 이상이건 하루 정도 몸에 지니고 다녀보자. 혹시 현금이 부담스럽다면 수표를 지갑 속에 넣어 다니는 방법도 있다. 얼마 정도를 가지고 다닐 때 비로소 마음이 느긋하고 편안함을 느끼는가? 그 액수가 당신이 평소 돈과 얼마나 친하게 지내는지를 말해주는 기준이 될 수도 있다.

만약 들어오는 돈이 기대했던 돈의 액수보다 적다면 자신을 한 번 뒤돌아볼 필요가 있다. 먼저 나는 '내가 원하는 만큼 가질 수 있다'고 스스로를 설득해야 한다. 그런 다음에는 원하는 돈의 액수에 대해 스스로 마음이 편안해졌음을 인정하는 게 중요하다. 그래야 내 안에 들어온 부를 온전하게 누릴 수 있기 때문이다.

: 지갑에 만 원을 넣어 다니는 재벌 2세

국내 준재벌급 2세인 L씨의 경우를 한번 보자.

그는 집안의 재력을 바탕으로 외국 상품의 독점수입권을 따내 비교적 젊은 나이에 많은 돈을 벌었다. 주위의 칭송은 물론이요, 무엇보다 부모님으로부터 경영 능력을 인정받게 되었다.

자신감을 갖게 된 그는 사업 영역을 확장했지만 일이 뜻대로 풀리지 않았다. 수입업으로 벌어들이는 수익을 계속해서 신규 사업에 투자했지만, 밑 빠진 독에 물 붓기나 마찬가지여서 고전하고 있었던 것이다.

L씨의 운명을 살펴보니 편안한 마음이 저절로 돈을 불러오는 재운을 가지고 있었다. 그리고 과거의 아픈 기억이 이 같은 재운을 펼치는 데 방해가 되고 있다는 것도 특징이었다.

"보통 지갑에 현금을 얼마나 가지고 다니세요?"

"만 원이오."

그는 지갑 속에 든 현금의 액수를 정확하게 말해주었다. 이어서 어릴 적에 어머니 심부름을 다녀오다가 큰돈을 소매치기당했던 경험이 있다고 털어놓았다.

그때 그 일로 혼이 난 후로는 현금을 많이 가지고 다니질 않는다고 했다. 물론 카드도 한 장 이상을 지갑에 넣고 다니는 법이 없었다.

"가짜 수표라도 좋으니까 지갑에 1,000만 원을 넣고 열흘만 지내보세요."

나는 그에게 우선 돈에 대한 두려움부터 없애라고 조언했다. 그의 경우 돈에 대해 두려움을 가지거나 조바심을 내면 계속해서 같은 함정에 빠지게 되기 때문이었다.

그는 처음에는 100만 원짜리 수표를 지갑에 지니고 다녔는데 자꾸만 신경이 곤두서더라고 했다. 하루에도 몇 번씩 지갑을 만

져보거나, 아니면 아예 지갑을 꺼내 수표를 확인해야 마음이 놓이곤 했다. 그만한 액수를 가지고 다니는 그의 마음이 영 편하지 않다는 증거였다.

하지만 열흘이 지나고 한 달이 지나면서 점점 지갑 속의 수표를 그다지 의식하지 않을 정도가 되었다. 한 달 반이 지났을 때에는 조언대로 1,000만 원짜리 수표를 가지고 다녔는데도 마음이 편안했다.

두 달이 지나자 다른 상황의 변동이 없었음에도 문제의 신규 사업 매출이 완만한 상승 곡선을 그리기 시작했다. 물론 사업의 최초 흑자액은 정확히 1,000만 원이었다.

: 친한 친구에게 얼마짜리 점심을 살 수 있나?

내 고객 중에 실제로 항상 1,000만 원이 넘는 현금을 가방에 넣어 다니는 사람이 있다. 물론 운전기사가 보디가드 역할을 겸하기 때문에 가능한 일인지도 모른다.

의류도매업을 크게 하는 40대 중반 여사장인 P씨는 물품 구매 때문에 거금을 가지고 다니는 것은 아니라고 했다. 요즘이야 전부 온라인으로 결제를 하기 때문에 거래처를 다니더라도 현금이 필요하지 않다는 것이다.

"시장에서 현금 장사를 할 때 생긴 버릇인가 봐. 결제야 회사에서 직원들이 하니까 돈을 들고 다닐 일이 없다면 없거든."

P씨는 그냥 그렇게 다녀도 자기가 편하니까 습관처럼 많은 돈을 가지고 다닌다는 것이다.

그러면서 P씨는 자신에게는 돈을 많이 지니고 다녀야 돈을 많이 번다는 믿음이 있다고 털어놓았다. 시장에서 장사를 할 때 돈을 많이 가지고 있는 날은 거의 예외 없이 좋은 물건을 싼값에 대량 구매할 기회가 주어진 경험 때문이라는 것이었다. 지금도 사업이 날로 번창하기에 그 믿음에는 변함이 없다고 자신 있게 말했다.

돈이 돈을 부른다고 했던가? '많이 가질수록 더 많이 얻는다'고 생각하면 타고난 재운의 그릇을 더 크게 키울 수 있다. 더군다나 P씨처럼 깊은 믿음을 가진다면 실제로 그런 일이 일어나는 것은 당연한 일이다.

당신이 어느 정도의 액수일 때 마음이 편해지는지는 상황에 따라 다를 수 있다. 그렇다면 하나씩 실천해보는 것도 좋은 방법이다. 당신이 마음 가는 대로 당장 실행할 수 있는 일들을 하나씩 나열해보자.

사회봉사단체에 익명으로 얼마를 기부할 수 있는가? 제일 친한 친구에게 밥 한 끼를 살 때 어느 수준이면 기분이 좋은가? 주위 사람에게 얼마나 많은 돈을 빌릴 수 있는가? 당신이 빌려주고 마음이 편안한 액수는 얼마인가? 정말 갖고 싶은 옷을 사는 데 얼마를 쓸 수 있는가? 한 달에 마음 편하게 쓸 수 있는 용돈은 얼마인가?

그 액수가 얼마이든 일단 지금의 나를 긍정하자. 그리고 조금씩 그 편안함을 확장해나간다면 지금 잠들어 있는 재운을 깨울 수 있으리라.

자, 이제 당신에게 편안하게 들어오는 돈은 지금의 열 배 이상으로 불어날 것이다.

돈을 연인처럼 진정으로 사랑하라

: 도둑이 부자가 되는 경우를 봤는가?

"돈과 행복은 아무 상관이 없다."

"돈을 많이 가진 사람은 모두 남의 등골을 뺀 사람이다."

"돈이 많으면 불행해진다."

어디서 많이 들어본 익숙한 말들이다. 이런 여러 가지 말로 돈에 대해 부정적인 생각을 하는 사람이 참으로 많다. 정말 우리가 아무런 의심 없이 받아들여도 되는 말일까? 아니, 대체 맞기나 한 말일까?

그렇지 않다. 돈에 대한 부정적인 말들을 입에 달고 사는 사람은 대체로 돈에 대해 좋지 않은 기억을 가지고 있거나, 아니면 돈이 있어도 마음이 불행한 사람들이다.

왜 우리는 돈에 대해 이렇게 부정적인 생각을 많이 가지게 되었을까? 물론 돈이 없어서 하고 싶은 일을 하지 못했거나, 아니면 돈 때문에 마음에 상처를 입은 경험은 누구라도 가지고 있을 것이다.

그렇다고 그게 돈을 싫어하고 미워하는 이유가 되어서는 안 된다. 돈을 싫어하고 부정하는 사람은 부자가 될 수 없기 때문이다.

어떤 사람들은 부자가 되려면 무조건 남의 것을 빼앗거나, 남을 배신하거나, 다른 사람의 손가락질을 받아야만 한다고 생각하기도 한다. 이런 생각은 재운을 가로막는 내 안의 장애물일 뿐 아니라, 만약 돈을 벌어도 거기에 상응하는 불운의 대가를 치르고야 만다.

그리고 남의 돈을 빼앗아서는 부자가 될 수 없다. 도둑이 부자가 되는 경우를 봤는가? 남의 부유함을 훔쳐서는 절대로 부자가 되지 못한다.

부자는 남의 부유함을 훔치는 도둑이 아니라, 자신이 타고난 재운을 충분히 활용하고 기다릴줄 아는 사람이다. 자신이 타고난 재운 그리고 남의 운까지 좋게 할 수 있는 사람은 큰 부자가 되는 법이다.

: 인생을 풍요롭게 하는 무한한 에너지

앞에서 사람은 모두 재운을 타고난다고 했다. 우리 모두 부자가 될 수 있다는 말이다. 이 말은 부를 한정된 재화로 생각하지 말라는 뜻이다. 부를 한정된 재화로 규정한다면 빼앗고 빼앗기는 관계가 되기 때문에 부정적인 인식에 매달리기가 쉽다.

우리가 생존하는 데 가장 필요한 태양 에너지를 우리는 몇 퍼센트나 활용하고 있을까? 아마 극히 일부에 지나지 않을 것이다. 사실 태양을 비롯한 우주의 에너지는 무한하다고 봐야 한다. 마찬가지로 부도 우리의 인생을 풍요롭게 해주는 무한한 에너지라고 생각하자.

이제 당신은 부에 대한 생각을 바꾸는 것으로 부자가 되기 위한 첫걸음을 떼야 한다. 부에 대한 부정적인 생각에서 긍정적인 생각으로. 그러면 당신 안에 긍정적인 에너지가 가득 찰 것이고, 그 자리에 부가 놓일 것이다.

게오르그 짐멜이라는 독일의 철학자는 돈에 대해 이런 말을 하기도 했다.

"돈은 인간의 탈인격화를 초래하지만, 대신 돈은 인간을 개체화하고 인격화하는 도구로 사용되기도 한다."

즉, 부자는 돈으로 산 노동의 결과물을 획득해 풍요롭고 행복한 삶을 즐길 수 있다는 것이다.

우리의 삶 속에서 행복과 부의 상관관계를 한마디로 정의한다
는 것은 매우 힘들 뿐 아니라 바람직하지도 않다. 또 사람마다 행
복과 부에 대한 생각조차도 천차만별이다. 하지만 행복이 부를
낳는다는 것은 동서양 운명학의 변함없는 가르침이다.

당신은 이제부터 돈을 소중한 연인처럼 진정으로 사랑해야 한
다. 사랑하지 않고 연인을 얻을 수 있는가?

부자들은 언제나 자신을 믿는다

: 부자들은 나를 중심으로 세상을 읽는다

부자들은 대부분 자기 확신이 강한 사람들이라고 했다. 이들은 설사 결과가 어긋났다 해도 자신에 대한 믿음에는 흔들림이 없다. 자신을 믿지 않는 것보다 자신을 믿는 게 훨씬 이익이라는 평범한 진리를 알고 있기 때문이다.

아마도 자기 확신조차 없는 사람이 부자가 되는 유일한 길은 재미로 산 로또가 당첨되는 게 아닌가 싶다. 물론 그 당첨금조차도 온전히 자신의 재운으로 유지하는 사람이 드물기는 하지만.

나의 고객 중 한 사람인 스타급 펀드 매니저 A씨도 부에 대해 그런 말을 한다.

"정확한 데이터 분석력과 시장의 흐름을 읽는 능력이 있어도 언제나 한계를 느낍니다. 제 주위의 부자들을 보면 정말 뭔가가 달라요. 혼자의 능력과 노력으로 이룰 수 있는 부는 전체의 30퍼센트 정도나 될까요? 나머지는 세상을 읽는 통찰력이라고 봅니다."

우리가 흔히 말하는 통찰력은 세상의 본질과 현상을 읽어내는 마음의 눈이고, 또 자기 자신에 대한 믿음에서 출발한다. 좋은 운이 오려면 먼저 자신을 아는 게 제일 중요하다고 했다. 내 안의 재운을 바로 보는 눈이 있어야 세상을 정확하게 읽을 수가 있기 때문이다.

그래서 부자들은 늘 자기를 중심에 두고 세상을 읽는다. 다른 사람이 어떻게 돈을 벌었는지에 대해서는 별로 신경을 쓰지 않는다. 다른 사람의 방법이 자신에게는 맞지 않다는 사실을 잘 알기 때문이다.

그리고 자기가 가장 잘 알고 있는 분야에서 자기 식으로 돈 벌기를 선호한다. 혹시 자기가 잘 모르는 분야에 뛰어들 때는 꼭 전문가의 도움을 받아 투자를 하는 안전한 방법을 택한다.

부동산으로 돈을 버는 사람이 있고, 주식으로 돈을 버는 사람이 있고, 회사를 경영해 돈을 버는 사람도 있다. 그리고 순전히 개인의 능력에 의지해 돈을 버는 사람이 있다. 사람마다 타고난 재운의 특징이 다르고, 그릇의 크기가 다르기 때문이다.

: 자신에 대한 믿음과 불신의 차이

나의 고객 중에서 수백억 대의 자산을 가진 두 사람의 경우를 보자. 이들의 일화를 통해 믿음과 불신이 서로 어떤 결과를 낳게 되는지 한번 되돌아보는 것은 의미 있는 일이다.

2007년 부동산의 거품이 최고 절정일 때였다. 종합부동산세 문제로 온 나라가 시끄러웠지만 대부분의 땅 부자들은 한결같이 부동산 불패 신화를 굳게 믿고 있었다.

"지금 부동산 값이 최고입니다. 하지만 곧 부동산의 거품이 빠질 테니까 부동산에서 손을 빼는 게 좋습니다."

나의 조언에 A씨는 부동산을 착착 정리하면서 내게 진지하게 물었다.

"이 돈을 어디에다 투자해야 될까요? 나는 주식 같은 것은 싫은데…… 내가 전혀 모르기도 하고."

나는 직접 투자는 피하고 6개월 동안만 펀드에 돈을 넣으라고 했다.

"그래도 부동산이 최고지요. 만약 떨어지더라도 지금 이상으로 다시 오르니깐 걱정할 필요 없어요."

그런데 B씨는 내 말에 미동도 하지 않고 끝까지 부동산을 고집했다.

A씨와 B씨의 차이점이라면 평소 A씨는 다른 일에서도 늘 통이 크고 직관력이 뛰어난 편이었다. 자신이 선택한 일에는 추호의 흔들림이나 후회를 하지 않는 스타일이었던 것이다.

반면 B씨는 돌다리도 두드려보고 건너는, 신중하고 빈틈이 없는 스타일이다. 그러니 B씨가 남의 말에 따라 투자처를 옮기는 일은 쉽지 않았을 것이다.

B씨는 강남에서 아주 어렵게 고깃집을 시작해서 큰돈을 벌어들였다. 하루 일과가 끝나면 그날 번 돈 전부를 일일이 다리미로 다렸다고 자랑삼아 말할 정도로 돈 한 푼도 소중하게 여기며 살아왔다.

이렇게 어렵게 돈을 모은 B씨는 자기 돈을 잃을까 봐 늘 두려워하는 마음을 가지고 있었다. 자기가 가진 돈을 언제 잃을까 두려워한다면 그 돈은 이미 자기 돈이 아님을 B씨는 잘 깨닫지 못했던 것이다. 1억 원을 가지고 있건 100억 원을 가지고 있건 마음이 편해야 비로소 자기 돈이라고 할 수 있다.

B씨의 경우에는 자기 그릇을 비우면서 채우는 지혜가 좀 더 필요하다. 그래야 자신에게도 여유를 가지게 되고, 세상을 보는 눈도 길러질 것이다.

: 미국발 금융위기 때 국운의 움직임

그러다가 2008년 여름이 한창일 때였다. 이상하게 고객들의 하반기 운에서 공통적으로 주식에서 좋지 않은 결과가 나타나고 있었다.

"저번에 가입한 펀드, 지금도 가지고 있으면 빠져나오세요. 국운이 움직입니다."

나는 여러 고객들에게 이런 요청을 했었다.

A씨가 다시 전화를 걸어왔다.

"지금 펀드를 다 해지하면 이제 어디에다 투자해야 하나요?"

나는 다시 A씨의 운에 맞도록 보석을 사두라고 말했다. 또 다른 고객에게는 펀드를 해지하고 유로화를 사두라고 권했다. 그 고객이 한꺼번에 엄청난 유로화를 사들이자 거래 은행의 지점장이 나를 찾아오기도 했다. 그 지점장 역시 펀드를 하고 있었는데, 자신도 펀드를 해지하고 유로화를 사겠다는 것이었다. 그런데 그 지점장의 재운은 또 다른 방향을 가리키고 있었다.

나는 펀드를 해지하고 유로화를 사고 싶다는 지점장에게는 전문가 수준의 금융 지식과 국제 정세에 밝은 식견을 활용해 원자재 선물에 투자할 것을 권했다.

물론 대세라는 것이 있기는 하지만 자기 운이 아닐 때는 포기할 줄도 알아야 한다. 그렇게 잠시 돈을 벌더라도 다시 잃거나,

아니면 그에 상응하는 다른 무엇을 잃게 되기 때문이다.

2007년에 우리나라에서 펀드 바람이 대대적으로 불었지만 지금은 어떤가? 미국 서브프라임 모기지 회사의 파산으로 시작된 금융위기가 전 세계의 경제를 파탄으로 몰아가는 상황이다. 때문에 주식과 펀드가 반 토막이 나고 투자자들이 거의 공황 상태에 빠졌다고 해도 과언이 아니다.

: 고객의 믿음을 잃지 않는 이유

부동산이건 주식이건 대세 상승장이라는 게 있기는 하지만 모든 사람에게 다 좋은 운을 가져다주지는 않는다. 모두가 돈을 번다고 해서 부화뇌동하기보다는 내게 맞는 재운을 따라 움직이는 게 옳은 처신이기 때문이다.

감사하게도 나를 신뢰한 고객들의 재산은 오히려 경제위기 속에서 더욱 불어났다. 다만 처음에 "땅은 없어지지 않는다"고 장담하며 부동산만 고집했던 B씨만이 지금 힘든 시간을 보내는 중이다. 그러나 B씨는 워낙 인내심이 뛰어나기 때문에 돈에 대해 보다 평안한 마음을 유지하면 반드시 좋은 운이 다시 찾아올 것이라고 믿는다.

내가 고객들의 재운에 대해 나름대로 조언을 할 때 대학교 시절 경영학 공부를 한 게 많은 도움이 되는 건 사실이다. 그리고 금융 분야에 재능이 뛰어나거나 운이 좋은 사람들의 재운을 다른 사람의 것과 비교한 데이터들도 충분히 활용하고 있다.

이런 나에게 고객들은 굳건한 믿음으로 보답한다. 나 역시 내 고객의 믿음을 믿는다.

내가 고객의 믿음을 잃지 않는 이유가 무엇일까 생각해본다. 아마 듣기 싫은 소리도 가감 없이 정확하게 전달하기 때문일 것이다. 나는 고객에게 좋지 않은 일이라도 두루뭉술하게 넘어가지 않는다. 하지만 보다 중요한 이유는 내가 나에게 강한 믿음을 갖고 있기 때문이라고 생각한다.

부는 마음의 그릇에 담긴 물이다

: 마음의 그릇을 흔들지 마라

누구나 인생길을 가는 동안 잘 닦인 고속도로를 신나게 달리기도 하지만, 때로는 울퉁불퉁한 비포장 길을 힘들게 가야 할 때도 있게 마련이다. 그리고 고급 승용차를 타기도 하고, 고물차를 타기도 한다. 이처럼 굴곡진 세상살이를 하더라도 평상심은 잃지 않아야 한다.

잔잔한 호수의 표면 같은 항심을 유지해야 자기에게 주어진 행운과 재운을 충분히 누릴 자격이 있다. 마음의 그릇이 갈팡질팡 흔들리는데 재물인들 온전히 담겨 있을 방법이 있겠는가? 마음이 편안하고 행복한 사람만이 부를 얻고 또 오래 누릴 수 있다는 사실을 잘 기억하자.

행복이라는 것도 마음이 편해야 느낄 수 있는 특별한 감정이다. 마음이 편해야 행운과 재운을 담을 그릇이 커지고, 또 많이 담을 수 있다. 내가 만난 수많은 사람들 가운데 부자들은 대개가 편안한 마음가짐을 유지하고 있었다. 부자여서 행복한 게 아니라 스스로 행복해서 부자가 된 사람들이었다.

그들은 넘치면 베풀고, 또 모자라면 자연스럽게 채워진다. 비우면 비울수록 담을 그릇이 커지는 게 세상의 이치이고, 부의 법칙이기 때문이다.

부자라고 해서 다 행복한 것은 아니다. 부자라고 해도 늘 마음이 불안한 사람들이 있다. 마음속 깊은 곳에 '나는 부자가 될 자격이 없어', '누군가 내 돈을 빼앗아가지 않을까?' 하는 피해의식이 잠재되어 있다고 봐야 한다. 스스로 자각하지 못할 뿐이지, 재물이 자신의 그릇에 넘치고 있다는 사실이 두려운 것이다.

: 산이 높으면 골도 깊은 법이다

10년 전 벤처 바람을 타고 이른바 대박을 터트린 A씨의 경우를 보자.

그가 강남의 테헤란로에서 이른바 벤처 사업을 하면서 돈을 긁어모으던 시절에는 보유하고 있는 주식의 시가총액만 몇천억 원을 웃돌았다. 돈이 쌓이면 주위에 이런저런 사람과 정보들이 저절로 꼬이게 되어 있다. 그가 회장님이라는 직함을 달고 각종 매스컴을 누비는 동안 인수하는 업체마다 몇 배의 뻥튀기를 하면서 재산도 기하급수로 늘어났다.

A씨는 자신이 하늘로 띄워 올린 애드벌룬이 계속 떠 있으리라고 굳게 믿었다. 하지만 이미 사업 초기의 냉정한 판단력을 잃은 상태였다. 산이 높으면 골도 깊은 법이다. 벤처 거품이 꺼지면서 A씨는 거의 수직 낙하라고 할 정도로 빠르게 몰락의 길을 향했다.

결국은 차디찬 감방행으로 귀결되었던 A씨의 경우는 자신의 그릇에 넘치는 부를 감당하지 못해 몰락한 셈이 되었다.

매사에 호기심이 많고 인간관계가 좋았던 그의 운을 보완해줄 만큼의 비전 있는 사업 파트너나 참모를 만났더라면 세상을 보는 안목을 키우고 인생도 훨씬 풍부해질 수가 있었을 것이다. 그리고 조금 더 욕심을 내자면, 그릇에 넘치는 부를 적절히 베풀며 자신의 운을 관리했었더라면 사업이 파산 지경에 이르지는 않았을 것이다.

그러나 A씨는 자신의 운을 관리하는 데는 전혀 무지했다고 봐야 한다. 오로지 자신의 능력만 과신했을 것이다. 세상의 모든 이치와 마찬가지로 행운과 재운도 한 사람에게만 오래 머물지는 않는다. 그리고 크게 성공했다가 갑자기 몰락하는 사람들의 특징은 운을 관리하는 데 유연성이 부족하다는 공통점이 있다.

따라서 행운이라는 느낌이 강할 때는 특히 생각과 행동의 유연성을 유지하는 게 좋은 운을 잘 관리하는 비결이다.

부란 마음의 그릇에 담긴 물과 같다. 깨진 그릇에서는 물이 새고, 그릇이 흔들리면 그 안의 물도 요동친다. 부를 담는 마음의 그릇을 흔들어서는 안 된다는 사실을 명심하자.

진정한 나를
찾아라

우리는 이런 명상이나 참선을 하면서 내 안의 나를 직시하는 훈련을 할 수 있다. 마음이 복잡하고 흔들리면 나의 참모습을 바로 볼 수가 없다. 진정한 나를 찾기 위해 내 눈의 문을 열고, 내 의지의 문을 열고, 내 성격의 문을 열고, 나의 모든 것을 열어둔 채 내게 집중해보자.

순수한 자신을 발견하라

: 너는 아주 아름다운 꽃을 피웠구나!

어떤 사람이 정원에 여러 가지 꽃들과 나무를 심었다. 열심히 물을 주고 정성을 다해 가꾸었지만 날이 갈수록 정원이 피어나기는커녕 모든 것들이 시들어만 갔다. 고민을 거듭하던 그는 어느 날 꽃과 나무들에게 "너희들은 내가 무엇을 못 해주고 안 해주었길래 이렇게 시들어가니?"라고 물었다.

은행나무가 말했다.

"제가 소나무처럼 높은 기품이 없기 때문이랍니다."

소나무도 힘없이 대답했다.

"저는 사과나무처럼 맛있는 열매를 맺을 수 없기 때문에 자신이 없어요."

그러자 사과나무도 지지 않고 거들었다.

"저는 해바라기처럼 크고 아름다운 꽃을 피울 수 없기 때문이랍니다."

그런데 그때, 축 늘어지고 처진 화초들 사이에서 싱그럽게 꽃을 피우고 있는 작은 들꽃 하나가 있었다. 아주 수줍은 듯 피어 있는 그 들꽃에 눈길이 머문 주인은 마지막으로 그에게 물었다.

"모두 시들어만 가는데 너는 아주 아름다운 꽃을 피웠구나. 비결이 뭐지?"

그러자 들꽃이 조용히 대답했다.

"저에게는 남들에게 전혀 없는 작고 소박한 멋이 있답니다. 이런 멋이 사람들에게 기쁨을 준다는 것을 알고 있기 때문에 제 모습에 충실할 수 있어요. 그리고 이런 제 모습이 사랑스럽고 좋거든요. 그러니 자신 있게 피어날 수 있지요."

작은 들꽃의 이 말을 들은 정원의 꽃과 나무들은 그때서야 자신에게도 다른 식물에게 없는 장점이 있다는 것을 깨달았다. 누구나 자신 있게 꽃을 피우고 열매를 맺으면 충분히 행복하고 아름답다는 사실을 알게 된 것이다.

꽃들의 이야기를 빌려왔지만 우리의 삶도 마찬가지이다. 누구나 가슴 뛰는 꿈을 가지고 살아간다. 부자가 되고 싶고, 성공하고 싶고, 행복한 삶을 살고 싶다. 하지만 정작 현실은 그렇지가 못하다. 왜일까? 남의 거울에 비친 자신의 허상을 보기 때문이다.

사람은 누구나 전 우주와도 바꿀 수 없는 유일무이한 존재다. 남들과 비교하고 비교당하는 동안 자신의 인생이 얼마나 소중하고 값진 보석인지를 모른 채 살아갈 뿐이다. 작은 들꽃처럼 자신을 바로 보아야 한다. 그래야 스스로 행복하다.

: 돈 많은 부모를 만났으면······

세상에서 크게 성공한 사람들을 보면서 주눅이 들고 회의에 빠졌던 경험이 있을 것이다.

"뭐야? 다 똑같은 이야기잖아. 성실하고, 열정적이고. 참을성은 왜 그렇게 많으며, 이런 사람들은 어쩌면 이렇게 포용력도 대단하지?"

"됐어, 부모를 잘 만났군. 나도 좋은 학교 나오고, 돈 많은 부모 만났으면 충분히 성공할 수 있었다구."

세상의 모든 것을 거머쥔 성공한 사람들이 사는 모습을 보면 초라한 자신에게 화가 나거나 우울해지기까지 한다.

물론 인생은 홀로 사는 것이 아니기에 사회생활을 하는 동안 늘 남과 비교하면서 살게 되어 있다. 남들과의 비교는 곧 경쟁을 의미한다. 학교 다닐 때부터 1등부터 100등까지 등수가 매겨지고, 사회로 나오면 더한 경쟁이 기다리고 있다. 낙타가 바늘구멍 들어가기 만큼 어려운 입사 시험, 그리고 실적 올리기와 승진 경쟁 등등 숨이 막힐 지경이다.

그러나 다른 사람을 통해 자신의 성공을 확인하는 방법은 그리 바람직하지 않다. 그래서는 무엇이 행운과 재운을 부르는지 모른 채 인생을 힘들게 살아갈 뿐이다. 즉, 자신이 타고난 행운과 재운을 제대로 활용하지 못하는 것이다.

나는 그동안 수많은 사람을 만났다. 그 가운데 진정 성공한 부자들은 공통적으로 자신의 참모습을 잘 알고, 인생을 즐기며 늘 감사하는 마음을 가지고 있었다.

일본에서 '경영의 신'이라 불리는 마쓰시타 고노스케의 말로 나를 다시 한번 생각해보자.

"갈팡질팡하지 않고, 서로에게 상처를 주지 않는 인생을 살기 위해서는 하늘이 준 순수한 자신을 발견하는 시간을 가져야 한다."

남보다 나를 짝사랑하자

: 자신을 항상 긍정적으로 바라보라

링컨은 자신의 얼굴이 잘생기지 못한 것을 어렸을 때는 몹시 고민했지만 어느 날부터 그 사실을 긍정적으로 받아들였다. 급기야 그는 자기 외모를 비하해 분위기를 돋우는 유머를 많이 했다고 전해진다.

자신이 가지고 있는 단점을 그대로 인정한 링컨과 관련된 유머 한 토막을 보자.

저는 어렸을 때부터 못생긴 얼굴 때문에 고민이 아주 많았습니다. 모두 저를 놀리는 것만 같았답니다. 그런데 어느 날 이런 생각을 하게 되었습니다.

"그래, 이왕 못생긴 거, 세상에서 제일 못생긴 얼굴이 되자."

그렇게 생각하기로 마음을 먹으니 그때부터 오히려 제 자신이 당당해지는 것을 느꼈습니다. 그러다가 오랜만에 한 친구를 길에서 만나게 되었습니다. 그런데 제 눈에는 그 친구가 나보다 더 못생겼지 뭡니까.

나는 세상에서 제일 못생긴 얼굴이 되기로 했는데 그 친구 때문에 내가 두 번째로 못생긴 얼굴이 된다는 사실에 화가 났습니다. 그래서 그 친구를 당장 권총으로 쏘려고 했습니다. 내가 마음먹은 대로 안 되었기 때문입니다. 그런데 친구가 깜짝 놀라면서 말했습니다.

"이봐 링컨, 오랜만에 만났는데 갑자기 왜 이래?"

"몰라서 물어? 난 자네가 나보다 못생겼다는 사실을 참을 수가 없어. 내가 세상에서 가장 못생긴 얼굴이 되기 위해 미안하지만 너는 없어져줘야겠어."

불같이 화를 내는 제 모습을 보고 겁에 질려 떨고 있던 그 친구가 체념한 얼굴로 말했습니다.

"그래, 어서 쏴라. 너보다 못생긴 얼굴로 사느니 차라리 죽는 게 낫겠다."

시중에 전해지는 블랙 유머이기는 하지만 진한 페이소스를 느끼게 하는 내용이다.

누구에게나 드러내고 싶은 장점 못지않게 감추고 싶은 단점이 있게 마련이다. 링컨 같은 위인조차 자신의 못생긴 얼굴을 감추기 위해 수염을 길렀다고 할 정도이니 평범한 우리야 자신의 콤플렉스에 민감한 게 어쩌면 당연하다. 그만큼 자신을 있는 그대로 인정한다는 게 어렵다는 말이다.

우리 모두가 인정하는 미남미녀들이 선남선녀들보다 자신의 외모에 더 심한 콤플렉스를 가지고 있다는 사실을 알고 나면 조금 위안이 되려나?

사실 한 개인의 장단점이라는 것은 지극히 주관적인 판단일 수밖에 없다. 그래서 이왕이면 자신을 긍정적으로 바라보라고 권하고 싶다. 그래야 자기 안에 있는 좋은 운을 많이 활용할 수 있기 때문이다.

"나는 왜 이렇게 안 되는 게 많을까?"를 "나는 잘되는 것도 있어!"로.

"내가 과연 할 수 있을까?"를 "나는 정말 잘할 거야!"로.

"세상에는 나보다 잘난 사람이 너무 많아"를 "나도 최고가 될 가능성이 있어!"로.

내 안에 잠든 행운과 재운을 모두 깨우려면 무엇보다 나를 최고로 사랑해야 한다. 진정으로 나를 사랑하는 사람은 자신을 사랑해주는 사람을 만나게 되어 있다. 내가 나를 사랑하지 않는데 누가 나에게 사랑을 베풀 것인가? 내가 나를 믿지 않는다면 누가 나를 믿어줄 것인가?

때문에 남을 짝사랑하기보다는 자신을 짝사랑해야 한다. 자신에 대한 순수한 짝사랑이 이루어질 때 행운이 폭발하는 법이다.

스스로 사랑하고, 스스로 용기를 불어넣을 때 좋은 운은 즐겁고 기쁜 마음으로 달려온다. 힘을 북돋아 주고 스스로를 잘 달래는 일은 좋은 운을 부를 때 아주 중요한 요소이다. 물론 때때로 내 자신이 마음에 들지 않을 때도 있지만 그런 자신까지도 사랑해야 한다. 자신을 사랑하는 법을 아는 사람만이 남을 사랑할 줄 안다.

: '나의 사전' 만들기

나를 사랑하기 위해서는 내가 누구인지를 알아야 한다. 우선 나를 알기 위해 '나의 사전'을 한번 만들어보자. 나의 장단점을 스스로 파악해보는 것이다.

지금 나는 어떤 모습을 하고 있는가? 정말 내가 원하는 것은 무엇인가? 나는 왜 그렇게 살고 싶어 하는가? 이런 답을 찾기 위해서 10분만 투자해보자. 너무 오래 생각하지 말고 생각나는 대로 적어보면 나의 모습이 서서히 드러날 것이다.

1. 나의 장점 적어보기

나의 장점을 노트에 하나씩 자세히 적어 내려간다. 대체로 사람들은 자신의 장점보다는 단점에 신경이 많이 가는 편이다. 그러나 성공한 사람들은 모두 자신이 잘할 수 있는 분야에 집중하고, 자신의 장점을 명확한 이미지로 만든 사람들이다. 그래야 내 안의 좋은 운이 선명하게 모습을 드러내기 때문이다.

2. 나의 단점 적어보기

나의 단점도 숨기지 말고 솔직하게 기록하자. 단점이 더 많게 느껴질 수 있다. 그렇지만 염려할 필요는 없다. 자신에게 단점이 있다는 사실을 즐겁게 받아들이면 되니까.

3. 단점의 뒷면은 장점이다

나의 장점은 무엇이라도 무조건 OK한다. 이때 뚜렷한 실체로 장점을 각인하는 게 중요하다. 그리고 단점을 하나씩 읽으면서 장점으로 돌려서 생각해본다.

예를 들어 '나는 남의 말을 잘 퍼뜨린다'고 적었다면 부정적으로 생각하면 입이 가벼워서 믿을 수 없는 사람이 되지만, 역으로 생각하면 '나는 남에게 많은 정보를 주는 사람'이 될 수 있다. 이런 식으로 단점을 장점으로 바꿔가면서 단점을 하나씩 모두 지워나간다.

4. 거울에 비친 나를 들여다보기

나의 장점과 단점을 모두 분석한 후 이제 나는 정말 장점만 가진 사람으로 거울 앞에 섰다. 이전의 나보다 좀더 멋져 보인다면 성공이다. 사실 당신은 그 이상 멋진 사람이다.

이렇게 긍정적인 모습으로 바뀐 내 모습을 본다는 것은 즐겁고 기쁜 일이다. 행복한 마음으로 자신 있게 나에게 말을 걸어보자.

"나는 나여서 행복하다."

"나는 나를 제일 좋아한다."

"내 안의 행운이 현실로 다가오고 있다."

"아, 나는 아무래도 이런 내 모습이 제일 좋아. 제일 행복해."

당신은 가장 편안한 나, 가장 기뻐하는 나, 열망으로 가득 찬 나를 만났다. 당신의 이런 모습이 행운을 가져다줄 것이다.

불현듯 이런 느낌을 받는 순간이 있다면, 그렇게 편안한 내가 제일 사랑스럽고 좋다면, 당신은 행운과 재운을 불러오는 나를 찾은 것이다.

나는 내 마음의 주인이다

: 자신을 잘 통제하는 사람이 행복하다

세계적인 인권운동의 상징이라고 할 수 있는 넬슨 만델라가 26년 6개월이라는 긴 세월 동안 복역을 하면서도 무너지지 않았던 이유는 무엇일까?

강산이 두 번도 더 바뀌는 세월 동안 그를 지켜준 것은 인내심과 자신을 믿는 신념이었다. 그를 노벨평화상까지 받게 하고, 온갖 핍박과 어려움을 이기게 만든 힘은 바로 그의 마음속에 있었던 것이다.

이처럼 운명을 좌우하는 일은, 곧 마음을 다스리는 일이다. 내 마음의 주인이 되어야 타고난 행운과 재운을 충분히 활용할 수 있기 때문이다.

세계 경영학계의 3대 석학으로 불리는 톰 피터스는 "자신을 잘 통제하는 사람이 행복해지고 성공한다"면서 다음과 같은 말을 남기기도 했다.

"어떤 일에 있어서의 위대함과 평범함의 차이는 자기 자신을 매일매일 재창조할 수 있는 상상력과 열망을 갖고 있느냐 없느냐의 차이다."

자기 자신을 통제하고 매일매일 재창조하기란 쉬운 일이 아니다. 그 이유는 내가 내 마음의 주인이 되지 못했기 때문이다. 내가 누구인지 몰라 갈팡질팡하거나, 세상의 변화무쌍한 흐름에 휘둘린다면 자기 자신의 주인이 아니라는 증거다.

: 내 안의 나를 직시하는 명상 훈련

자기 자신의 주인이 되지 못하는 사람은 절대로 자유롭지 못하다. 자유롭지 못하다면 행복하지도 않다. 먼저 나의 주인이 되고, 나의 리더가 되어야 한다. 그래야 내 안의 행운과 재운을 잘 활용할 수 있다. 내 마음은 나의 왕국임을 항상 명심하자.

수도승들은 매일 새벽에 일어나 깊은 명상을 하고, 날아가는 새들에게도 오늘 하루가 준비되었는지 묻는다. 눈을 감고 명상을 하면서 나를 찾아가고, 또 마음의 평온을 유지하는 상태로 하루를 맞이하는 것이다.

우리는 이런 명상이나 참선을 하면서 내 안의 나를 직시하는 훈련을 할 수 있다. 마음이 복잡하고 흔들리면 나의 참모습을 바로 볼 수가 없다. 진정한 나를 찾기 위해 내 눈의 문을 열고, 내 의지의 문을 열고, 내 성격의 문을 열고, 나의 모든 것을 열어둔 채 내게 집중해보자.

나에게 집중하는 명상은 행운에 저항하는 에너지, 즉 두려움, 불안감 등 우리 안의 부정적인 에너지를 사라지게 한다. 그리고 명상을 통해 온전히 있는 그대로의 나와 만나야 마음이 편안한 상태를 유지할 수 있게 된다.

대개 행운의 주파수는 평온한 마음의 상태와 일치한다. 즉 행운과 마음이 서로 주파수가 맞아야 공명이 생기는 것이다. 내 안에서 생긴 이 작은 울림이 운명을 움직여 행운을 불러들인다고 생각하라.

이처럼 내면의 성찰을 통해 자신을 단련하면 자연스럽게 자신과 주파수가 맞는 운을 찾아내는 안목을 기를 수가 있다. 내게 일어났던 일들을 반추해보고, 그 인과관계를 꼼꼼하게 살피는 일도 중요하다. 지난날을 후회하라는 뜻이 아니라, 자신이 진정으로 원하는 것을 찾아가는 과정으로 여기라는 의미다.

: 내가 행복해지는 3가지 기술

기도와 명상을 통해 나를 비워내면 그 빈자리에는 좋은 운이 반가운 손님처럼 찾아올 것이다. 그때 웃는 얼굴로 반갑게 맞이하면 된다. 그런 과정을 통해 스스로 행복한 이유를 찾아 종이에 적어 내려가면서 "나는 행복하다"를 반복하라. 그러면 당신은 진정으로 행복해질 것이다.

Happy-Go-Lucky, 행복한 사람에게는 행운이 더 많이 간다는 사실을 꼭 기억하면서 다음 세 가지를 우리 일상생활 속에서 실천해보자.

1. 가족 챙기기
내 가족이나 친구들과 화목하게 지내야 한다.
따뜻한 화목함은 나의 주변을 모두 행복하게 해준다.

2. 감사하기
매사에 진심으로 감사하는 마음을 가져야 한다.

감사하는 마음은 여유롭고 행복한 마음에서 나온다.

3. 명상하기

아무 욕심이 없는 빈 마음에는 좋은 기운이 흐른다.

평온한 마음에 행복이 깃든다.

내 운명은 내가 만든다

: 늙은 독수리의 처절한 자기혁신

하늘의 제왕으로 불리는 독수리는 수명이 70년이 넘는 새다. 거의 인간과 비슷하다. 그러나 40년으로 삶을 마치는 독수리가 대부분이다.

독수리는 40년쯤 살고 나면 부리가 휘어서 자기 가슴을 찌를 지경이 되고, 발톱은 모두 굽어 먹이를 잡을 수가 없게 된다. 게다가 날개의 깃털이 무거워져서 날 수도 없다. 일단 먹이 확보가 어려워지는 것이다.

이때 독수리는 그대로 죽을지 아니면 새로운 삶을 더 살아갈지에 대한 선택을 해야 한다. 더 살기 위해서는 피눈물 나는 혁신을 해야 하기 때문이다.

하늘의 제왕으로서의 면모를 잃고 늙어가는 독수리가 더 살기로 작정하면, 그 독수리는 절벽에 올라가 둥지를 짓고 자신과의 처절한 싸움을 시작한다.

독수리는 자신의 가슴을 찌를 정도로 휘어버린 부리를 절벽 바위에 대고 부딪쳐 깨기 시작한다. 그리고 자신의 굽어버린 발톱도 모두 뽑아낸다.

추위와 배고픔을 참으며 독수리는 5개월 동안 이런 자기혁신을 단행한다. 마찬가지로 여기에서도 살아남지 못하면 죽음이다.

하지만 다시 부리와 발톱이 생기고 날아다닐 수 있게 되면 독수리는 30년 이상 새로운 삶을 살게 된다. 이렇게 자신을 스스로 변화시킨다는 것은 자신의 부리를 깨고 발톱을 뽑아내야 할 만큼 힘들고 고통스러운 일이다. 그래서 변화라는 것이 어렵다.

: 변화야말로 인간의 운명이다

창조는 어떤 식으로든 시작이라도 할 수 있지만, 변화는 기존의 것을 버리고 새살을 채워 넣는 것이어서 힘들다. 이대로가 편하고 좋은데 변화에 따르는 고통을 감내하기가 싫은 것이다.

우리가 운명을 바꾸고, 좋은 운을 활용하기 위해서는 늙은 독수리와 같은 자기혁신이 필요하다. 여기서 자기혁신이라는 것은 내가 만든 기존의 고정관념을 버리고, 내가 간절히 원하는 행운을 불러오는 새로운 관념으로 대체해야 한다는 뜻이다. 즉 나를 둘러싼 부정적인 생각과 에너지를 모두 긍정적인 생각과 에너지로 바꾸어야 한다.

운명을 정해진 것으로 여기는 사람은 자신의 삶에 책임지려 하지 않는 태도를 보이는 경우가 많다. 변화를 두려워하면서 "내 맘대로 되는 것이 없다"는 등의 말을 하며 자신의 불행을 외부 탓으로 돌리는 것이다.

자신의 불행과 실패를 세상 탓으로 돌리며 두려움과 분노를 학습한 사람은 자신의 삶에 소극적이고 부정적이다. 이렇게 부정적인 고정관념이 형성되면 똑같은 결과만 되풀이될 뿐이다. 내 안의 문제를 외면한 채 세상을 바꾸려 해서는 결코 행운이 다가오지 않는다.

행운을 불러오기 위한 자기혁신은 먼저 나의 운명은 내가 만든다는 사실을 인정하는 것으로부터 시작하자. 이 같은 인식의 변화야말로 타고난 좋은 운을 활용하기 위해서는 아주 중요하다.

그런 다음에는 자신과의 싸움을 통해 스스로 운을 바꾸어나가야 한다. 지속적으로 나의 생각과 말과 행동을 체크하면서 새롭고 긍정적인 고정관념을 형성해야 한다는 말이다. 자신의 변화는 타고난 운을 바꾸는 계기를 만들고, 세상의 변화까지도 이끌어내는 힘이다.

『종의 기원』을 쓴 다윈은 다음과 같은 말을 남겼다.

"자연에서 살아남는 것은 가장 강한 종이 아니고 가장 영리한 종도 아니다. 단지 변화에 가장 잘 반응한 종이다. 변화는 즉 생존이다."

우리 인간에게도 들어맞는 말이다. 변화야말로 우주의 법칙이고, 또 인간에게 주어진 운명이라면 운명이다. 운명을 정해진 것으로(정해진 바도 없지만) 받아들이는 사람은 변화를 두려워한다. 변화를 두려워해서는 생존은 말할 것도 없고, 자신의 삶을 창조적으로 살아가는 것도 불가능하다.

내가 내 운명의 주인이고, 운을 바꾸어가는 주체라는 사실을 늘 명심하자.

내 안의 7가지 모습을
찾아가는 긴 여행

: 당신은 운명의 노예가 아닌 주인이다

내 인생에 행운을 불러오는 과정은 세 단계로 나뉜다.

우선 내가 지금의 행운과 불행을 만들어낸 장본인임을 깨닫는 것이 그 시작이다. 물론 처음에는 '내가 이 지긋지긋한 현실을 불러온 장본인이다'라는 사실을 받아들이기 힘들다.

그러나 시험을 망쳤을 때, 중요한 약속을 앞두고 감기몸살로 제정신이 아닐 때, 내가 탄 택시가 교통사고를 냈을 때, 몸무게가 40킬로그램을 겨우 넘을 정도로 아파야 했을 때 등등, 이 모든 걸 내가 불러왔다는 사실을 겸허한 마음으로 인정하고 받아들여야 한다.

내가 했던 생각이나 말들이 현실에 영향을 미치기까지 걸리는 시간의 차이 때문에 사람들은 자기 자신이 아닌 누군가가 운명을 조종하고 있는 것처럼 느끼기 쉽다.

그러나 행복과 불행은 자기 스스로 창조할 뿐이다. 이처럼 인생은 100퍼센트 내 책임이라는 것을 인정하는 것만으로도 많은 것들이 변화하기 시작한다.

사실 사람들은 대부분 어디선가 자기 자신이 아닌 다른 누군가가 나타나 멋진 직업과 행복한 가정과 풍요로운 예금통장을 마련해주기를 바라는 꿈을 고이 간직하고 있다. 물론 가능한 일이며 당신 인생에 얼마든지 일어날 수 있는 일이다. 다만 그러기 위해서는 먼저 그런 행운을 불러오는 것 또한 당신 자신이 주체가 되어야 한다는 점을 잊어서는 안 된다.

결국 우리에게 찾아오는 행운과 불행에 책임이 있는 사람은 자신뿐이라는 사실을 깊이 깨달을 때 비로소 운명의 노예가 아닌 운명의 주인이 된다.

부모 탓, 배우자 탓, 친구 탓, 시간 탓……. 이제 자기가 바라는 꿈을 이루지 못한 이유를 자신 밖에서 찾는 것을 멈춰야 한다. 왜냐하면 인생에 행운을 불러올 능력을 가진 사람, 그 행운을 마음껏 누릴 사람은 바로 당신이기 때문이다.

: 내게 가장 어울리는 행운을 찾아서

그다음으로는 오직 나만의 행운이 당신의 가슴 안에서 꽃피울 날을 기다리고 있음을 알아채는 것이다. 그래야 아름다운 꽃을 피울 수 있는 잠재력을 가진 씨앗은 자신의 보호막인 단단한 껍질을 떨쳐버리고 밝은 태양을 향해서 움직인다.

지금 이 글을 읽는 당신의 가슴 안에는 — 장미가 되었든 해바라기가 되었든 그 종류는 다르지만 — 당신 자신에게 가장 어울리는 행운이 싹트고 있다. 마음 깊은 곳에 잠재돼 있었다. 여러 종류의 꿈들이 차례차례 꽃피울 준비를 하고 있는 것이다.

지금 하고 있는 일에 좌절감을 느끼고 의욕을 가질 수 없다면, 수개월 또는 수년 동안 무엇을 하며 어떻게 살아야 하는지를 고민해왔다면 지금이야말로 당신만의 행운을 싹트게 할 기회라고 생각해도 좋다. 사실 '당신이 가장 원하는 성공은 무엇인가'라는 질문에 명확한 답을 할 수 있는 사람은 생각보다 많지 않다. 내가 진정으로 원하는 게 무엇인지 잘 모르기 때문이다.

그래서 많은 사람들은 그것을 찾으려고 이곳저곳을 기웃거린다. 그리고 좋든 싫든 경쟁 사회에서 살아남기 위해 성공한 사람들을 따라 하면 성공할 수 있다는 생각에 사로잡히기도 한다. 그러나 대부분 실패로 끝나는 것을 우리는 보아왔다. 그렇다면 무엇이 문제인가?

우리는 지금까지 각자에게 '개별적'으로 주어진 운명의 원리를 몰랐을 뿐이다. 같은 부모 밑에서 태어난 두 형제가 다르듯, 인간에게는 각자 천부적으로 타고나는 재능과 행운이 따로 있다.

따라서 당신만의 삶을 살아가기 위해서는 방법론을 구하기 이전에 진정한 자아의 발견이 필요하다. 그리고 당신은 행복한 삶을 살도록 태어났음을 믿어야 한다.

: 양의 무리 속에 섞여 지내는 사자

한 마리 사자에 대한 오래된 일화를 기억하는가? 양이 키운 사자는 자신도 당연히 양이라고 생각하며 자란다. 그러던 어느 날, 나이 든 사자가 양의 무리에 있던 이 사자를 보고 연못으로 끌고 간다. 자신의 모습을 연못에 비춰보고 나서야 그는 자신이 사자임을 깨닫게 된다는 내용이다.

자신이 타고난 행운을 누리지 못하는 대부분의 사람들은 양의 무리 속에 섞여 지내는 사자와 같다. 당신이 자신에 대해 가지고 있는 이미지는 다른 사람들에 의해 빚어진 허상에 지나지 않는다. 그리고 그것에 익숙해 있기 때문에 그저 사자처럼 생긴 양으로 살아갈 뿐이다.

이제 당신은 자신이 사자라는 사실을 알았을 것이다. 그렇다면 당신만의 축제와 행운을 맞이하는 시간들이 주어질 것이고, 당신은 스스로를 자랑스러워하고 축하해주면 된다.

열정적인 나, 자기표현을 하는 나, 즐기는 나……

인생이란 결국 내 안에 있는 일곱 가지 모습을 찾아가는 긴 여행이다. 그리고 그 여행을 하는 동안 당신은 숱한 행운들을 만날 것이다. 그러면 당신은 행복한 미소를 지으며 그 행운들을 반갑게 맞이하자. 행복한 당신이야말로 그 행운의 주인이기 때문이다.

운명을 만드는
내 마음속의 7가지 나

나는 태어나서 지금까지 내 안에서 여러 가지 모습의 '나'를 만났다. 힘들어도 주위에 내색하지 않고 견디는 나, 연애할 때 한눈에 반한다기보다는 시간을 두고 신뢰를 쌓아가는 나, 상대와 도움을 주고받는 나 등 내 안의 다양한 모습들 가운데 어떤 것은 자랑스러워했고, 또 어떤 것은 부정하고 싶어 하기도 했다.

동서양의 운명학을 공부하면서 한 사람의 인생이란 자기 자신 안에 있는 여러 가지 모습을 만나는 과정이라는 사실을 깨닫게 되었다. 그리고 한 사람이 타고난 인생의 설계도는 살아가면서 변화무쌍한 움직임을 보인다는 사실도 나에게는 경이로움이었다. 내가 공부한 운명학이 인간을 알 수 있는 열쇠이기는 하지만, 그 열쇠를 손에 쥔 사람은 결국 자기 자신이라는 기본 원리에는 변함이 없다. 이 같은 운명학의 가르침을 전하는 게 나에게 주어진 사명이라면 사명이다.

운명학이란 인간과 우주만물의 변화무쌍한 관계를 풀어가는 하나의 과학적인 원리 체계다. 그리고 그 원리를 활용하여 자신의 삶을 이끌어가는 주체는 언제나 인간이 중심일 수밖에 없다. 인간은 자신에게 주어진 삶을 살아가는 수동적 존재가 아니라, 스스로 자기 삶을 선택하고 개척하는 능동적인 주체이기 때문이다. 따라서 인간의 자유의지만이 자신의 삶을 만들어갈 수 있으며, 운명학은 그런 인간이 자신의 행복한 삶을 위해 도구로 활용할 수 있는 것이다.

우리는 어떤 사람도 객관적으로 보기는 불가능하다. 만약 A라는 사람이 내게는 매우 친절하고 매너 좋은 사람으로 생각되었다 하더라도, 다른 사람에게는 우유부단하고 겉치레를 중시하는 사람으로 인식될 수도 있다. 또 B라는 사람은 C에게는 관대하고 친절한 사람으로 인식되어 있지만, D와 E는 그를 천하의 구두쇠라고 느낄 수도 있는 것이다.

한 사람에 대한 여러 판단들 가운데 어떤 것은 옳고 어떤 것은 그르다고 말할 수는 없다. A와 B가 각각 두 가지 특성을 다 가지고 있을 수도 있지만, 때로는 두 가지 모습 다 그들에게는 해당 사항이 없을 수도 있기 때문이다.

왜 이런 일이 생길까? 그를 보는 사람들도 각기 다른 자신 안의 모습으로 상대를 투영하고 있기 때문이다.

한 사람에 대한 평가가 시간에 따라 달라지는 경우도 마찬가지다. 예컨대 "연애할 때는 그런 여자가 아니었는데 결혼을 하더니 갑자기 달라지더라"며 투덜거리는 사람이 있다. 연애할 때는 자신 안에 있는 이상적인 여자친구로서의 모습을 상대에게 투사한다. 그러나 결혼을 하고 나면 그 남자는 자신 안에 있는 바람직한 배우자의 모습을 아내에게 투사하게 된다. 그러니까 변한 것은 먼저 자신의 마음이고, 바뀐 마음의 눈으로 상대에게서 배우자의 모습을 보려고 하는 것이다.

문제는 그 남자가 여자 친구의 모습은 자기 마음에 들었지만, 여러 가

지 원인으로 인해 자기 안에 비친 배우자상은 부정하고 있다는 것이다. 그리고 나중에는 결국 "궁합이 안 맞는다"거나, "결혼운이 없다"며 손쉽게 운명 탓으로 돌려버리고 만다.

결국 인생이란 내 안에 있는 여러 가지 나를 만나면서 그 모든 '나'를 있는 그대로 인정하고 사랑해가는 과정이다. 그리고 운명학이란 어떤 시기에 어떤 '나'를 만나게 되는지를 앎으로써 인생을 살아가는 동안 행복과 행운을 끌어들이도록 돕는 기술이다.

일반적으로 서양 점성학에서는 '내 안의 나'를 일곱 가지로 구분한다. 남에게 드러내고 싶은 나(태양), 편안할 때의 나(달), 목적을 이루기 위해 행동할 때의 나(화성), 즐기고 사랑할 때의 나(금성), 커뮤니케이션을 잘하는 나(수성), 비전을 가지는 나(목성), 인내심이 강한 나(토성)의 특성이 모든 사람에게 다 들어 있기 때문이다.

중요한 것은 이 일곱 가지의 '나'는 사람마다 강하고 약한 것이 함께 존재한다는 점이다. 강하다고 판명된 모습은 성공을 부르고, 약한 모습은 실패를 부른다.

예를 들어 어떤 사람은 설득이나 화술에는 영 젬병이라 웃음거리가 되지만, 오래 견뎌야 하는 일은 결국 이루어낸다. 또 어떤 사람은 인내심이 부족해서 꾸준히 해내는 일이 없지만, 스스로 즐겁고 재미있어하는 일에는 다른 사람보다 짧은 시간에 성과를 만들어내 주위를 놀라게 한다.

재물도 마찬가지다. 부자가 되겠다는 목표를 가지고 치밀한 계획을 세웠더니 이상하게 생각지도 않은 일로 돈이 나가더라는 사람도 있다. 그리고 마음을 편안하게 가진 순간부터 역시 이상하게 돈 들어올 일들만 생겨서 부자가 된 사람도 있다. 다른 사람들에게 보이는 이미지를 좋게 만들어 인기를 얻고 큰돈을 벌게 되는 사람도 있다.

즉, 어떤 회사나 집단이 성공하기 위해서는 리더의 역할이 중요하듯이,

자신의 인생에 행운과 행복을 불러들이기 위해서는 '내 안의 나' 가운데 강한 나의 모습을 찾아 활용하려는 노력이 필요하다. 내가 만난 성공한 사람들은 자신 안에 있는 모습 가운데 가장 강한 모습을 찾아내 있는 그대로 살아온 사람들이다.

당신도 이제 당당하게 운명의 주인이 자신임을 선포하라. 그리고 다른 사람을 부러워하거나 비난하는 데에서 시선을 돌려 '내 안의 나'를 들여다보자.

다음의 내용들을 읽으면 당신은 스스로 행운을 부르는 내 안의 가장 '강한' 모습이 어떤 것인지 알게 될 것이다. 그 모습의 나를 최고의 리더로 삼아 일곱 가지 모습을 통합해 나아가기 시작하는 순간, 당신은 겉으로 불가능해 보였던 행운을 불러올 것이요, 예상하지 못했던 재물을 끌어들이게 될 것이다.

세상의 모든 부자들에게 베풀어진 축복이 이제 당신에게도 쏟아질 것이다.

7가지로 나타나는 나의 모습

1. 카리스마 있고 외향적인 나

카리스마 있고 매사에 외향적인 사람은 돈이나 재산을 자신의 권력 기반으로 삼거나, 자신을 대표하는 큰 특징이라고 생각한다. 물론 그런 것을 노골적으로 드러내놓고 이야기하지는 않는다. 다만 자신의 부족한 면을 많은 재산을 통해 보상받으려는 심리가 숨어 있는 것이다.

적극적이고 긍정적인 에너지가 강해서 항상 소유욕에 불타고, 재물의 활

용 능력이 뛰어나며, 자신의 잠재력을 자본화할 수 있는 힘을 갖고 있다.

이런 사람은 노란색이 더 많은 재운을 불러온다.

2. 직관력이 뛰어난 나

직관력이 뛰어난 사람은 부동산운이 좋다. 아울러 돈에 대한 감정 기복도 아주 심하다. 이런 사람들은 돈이 밀물처럼 마구 밀려들기도 하고, 썰물처럼 대책 없이 쑥 빠져버리기도 한다. 그래서 돈에 대한 가치관이 흔들릴 때가 있다. 부동산 값이 널뛰기하는 것을 상상해보면 이해가 쉬울 것이다.

그래서 이런 모습이 강한 사람은 잦은 감정의 변화와 어려운 시기를 대비해서 저축을 해두어야 한다. 성품이 온화하고 남에게 좋은 인상을 주기 때문에 인적 자원의 분배와 활용을 통해 재산을 불릴 수 있는 강점이 있다.

은색이나 스트라이프 무늬가 재운을 상승시킨다.

3. 호기심이 많고 커뮤니케이션을 잘하는 나

매사에 호기심이 강한 사교적인 사람은 커뮤니케이션과 관련된 직업이나 재능을 통해 돈을 많이 벌 기회가 생긴다. 이런 사람들은 자신의 재주로 돈을 벌기 때문에 상대방을 볼 때도 돈이나 재산 등을 기준으로 평가하는 경향이 강하다. 남보다 재테크에 관심이 많고, 남에게 신뢰를 주는 편이라 돈이 안정적으로 쌓인다.

어떤 색이라도 재운이 좋은 편이니 자신이 끌리는 색을 자연스럽게 선택하면 된다.

4. 즐기고 사랑하는 나

예술적인 기질을 타고난 사람은 인생을 즐기면서도 돈이나 재산에 대해서 남다른 애착을 갖는 경우가 많다. 다만 일반적인 재화에만 관심이 국한

되는 것이 아니라 예술적 가치가 높은 소장품을 소유하려는 욕구가 강하다.

이런 성향이 강한 사람은 돈을 많이 벌어야만 사람들이 자신을 사랑하고, 또 관심을 보일 것이라고 생각한다. 이런 이유로 재물을 더욱 사랑하는 경향이 있다.

파스텔톤의 색깔이 이런 사람의 재운을 불러들인다.

5. 정열적이며 용기가 많은 나

행동이 앞서고 정열적이며 용기가 많은 사람의 경우는 돈이 꾸준히 들어오지만, 또 곧 나가게 되는 경우가 많다. 돈의 여유가 있는 동안에는 별다른 신경을 쓰지 않고, 돈 자체를 그리 중요하게 생각하지 않는 편이다. 즉 행동을 앞세우기 때문에 돈의 흐름에 좀 둔하다고 할 수도 있다.

또한 돈을 아껴서 저축하는 것을 싫어하기 때문에 충동구매에 가까운 소비 성향을 가지고 있다. 이런 성향의 사람들은 비상시에 대비해서 꼭 저축을 해두어야만 한다. 돈에 신경을 쓰지 않고 마구 써버리면 나중에 어려움에 빠진다.

이런 성향의 사람들은 빨간색이 재물과 행운을 부른다.

6. 비전을 가지는 나

매사에 낙천적인 사람들은 전체적으로 재산 현황에 대해 느긋하고 낙관적인 전망을 한다. 이런 유형의 사람들은 인생 자체에 자신감이 넘치는 경우가 많다. 또 자신이 '운이 좋다'고 생각하는 경향이 많다. 실제로 큰 부자들이 공통적으로 가지고 있는 성향이기도 하다. 실제로 그들은 돈이 필요할 때마다 어디에선가 돈이 꼭 들어온다.

돈에 너무 집착하지 않고, 돈은 써도 또 들어온다는 태도를 가지고 있기 때문에 절대로 굶어 죽는 일은 없다. 만약 당신이 너무 무능해서 자신의 행

운을 통째로 날려버리지만 않는다면 말이다.

이런 사람들의 경우에는 남색이나 푸른색이 재운을 좋게 만들어준다.

7. 인내심이 강한 나

이런 성향의 사람들은 돈이 얼마가 있든 액수에 상관없이 늘 두려움과 불안에 시달린다. 돈이 많아도 걱정, 적어도 걱정인 타입이다.

그뿐만 아니라 아주 예민해서 만에 하나 자신이 재산을 모두 잃고 가난해지지 않을까 늘 두려워하며 살아간다. 이런 사람은 부자가 되어도 정말 미친 듯이 열심히 일한다. 그래서 충분히 안정적인 상태가 되었음에도 불구하고 '여전히' 자신은 가난하다고 느낀다. 그들에게 '충분한 돈'이란 절대로 있을 수가 없다.

이런 성향의 사람은 다음의 세 가지 유형으로 나뉜다.

⑴ 아무리 많이 벌어도 만족을 모르는 사람. 그들은 부자가 될 수는 있다. 그러나 그에 가려 인생의 다른 즐거움들을 놓쳐버리는 우를 범한다.
⑵ 무엇보다도 안전에 가장 큰 가치를 두는 안전 제일주의 유형. 그래서 이들은 보통 대기업에 취직하거나, 공무원과 같은 안정된 직장에 끌린다.
⑶ 지나치게 의기소침해서 모든 것을 포기해버리는 유형이다. 정말 이 세 번째 방법은 택하지 말기를 바란다.

이런 사람들은 대부분 세상에서 무엇보다 중요한 것이 결국 재산이라고 생각한다. 그렇지만 돈에 신경을 너무 많이 쓰고 걱정을 많이 하기 때문에 오히려 돈을 벌 기회를 놓치는 경우가 많다는 점도 명심해야 할 일이다.

이런 성향의 사람들은 검은색이 재운을 좋게 해준다.

당신은 운이 좋은
사람이다

운명학에서 말하는 결혼이란 '나와 180도 반대편에 서 있는 것들'과 손을 맞잡는 것
이다. 나와 반대되는 극성의 사람을 만나 나 자신의 삶을 지탱하는 에너지에 균형
을 맞추어준다는 의미로 해석할 수 있겠다.

삶은 운명과 자유의지의 조합이다

아프리카의 어떤 마을에서는 추장이 되면 7년 동안 모든 일을 마음대로 할 수 있다고 한다. 단, 7년 뒤에는 죽임을 당하여 제단 앞에 바쳐진다는 조건이 따른다.

추장을 7년 하면 죽어서 권좌에서 물러나고, 새로 추장이 선출되면 다음 7년을 이어가는 형식인 것이다.

이렇게 무서운 마을에서 추장이 되기를 원하는 사람이 과연 있을까? 하는 의문이 먼저 생긴다. 하지만 놀랍게도 많은 사람들이 추장이 되기를 원해서 추장 뽑기가 어려울 지경이라고 한다.

아프리카의 추장을 예로 들기는 했지만 이 세상에는 목숨을 걸고 자신이 하고 싶은 일에 뛰어드는 사람들이 수없이 많다.

고산 등반, 오지 탐험, 우주 비행, 선교 활동 등 생명을 걸어야 하는 일을 선택한 사람들은 7년은 고사하고 당장 눈앞에 죽음의 그림자가 어른거리는데도 상관하지 않는다. 그래야만 인생이 피고 행복한 사람도 많다.

목숨보다 조금 더 무거운 소망, 생명을 걸고서라도 이루고 싶은 꿈 등을 실현하려는 사람에게 상상할 수도 없는 보상이 주어지는 것이 운명의 법칙이다.

: 이너서클 펀더멘탈로 새로운 도전

"엄마, 학교 휴학하고 선배들이랑 사업을 하려고 해요. 사업 아이템도 좋고, 꼭 성공할 거예요."

"아니, 갑자기 무슨 소리야. 잘 다니던 학교를 도대체 왜 관두겠다는 거야?"

어머니는 내가 휴학하겠다는 말에 불같이 화를 내셨다. 게다가 휴학을 하고 고시 공부를 하겠다는 것도 아니고, 사업을 하겠다고 했으니 당연한 반응이었다.

내가 사업을 하려고 마음을 먹은 것은 연세대 경영학과 3학년에 다닐 때였다. 친하게 지내던 지인 몇 명과 이너서클 펀더멘탈이라는 회사를 만들었다.

이 회사를 통해 그동안 공부했던 것들을 조금 더 구체화하고 싶었고, 내가 알고 있는 행복의 비밀을 여러 사람들에게 전해주고 싶은 바람도 있었다.

우리가 일을 할 때도 최소의 비용으로 최대의 이익을 내기 위해 갖가지 효율적인 방법을 동원하듯, 삶에서도 최소의 노력으로 최대의 행복을 누리는 비결이 있다.

개인이 타고난 재능과 스스로 선택하는 자유의지의 합리적인 조합을 통해 정해진 것처럼 보이는 운명 속에서도 자신의 행복을 얼마든지 극대화할 수 있는 것이다.

당시 이너서클 펀더멘탈이 내세운 개념은 퍼스널 브랜딩이었다. 지금이야 익숙한 단어지만 그때만 해도 생소했기 때문에 언론의 많은 주목을 받기도 했다. 퍼스널 브랜딩은 자신의 장점을 살려 개인의 자산가치를 극대화하자는 개념이었다.

그래서 내 꿈은 동서양 운명학을 토대로 과학적인 프로그래밍 작업과 데이터베이스 구축을 통해 개인의 진로를 결정하고, 개인의 브랜드 파워를 키우는 데 도움을 주자는 것이었다. 그리고 퍼스널 브랜딩에 대한 체계적인 교육과 컨설팅을 통해 개인의 행복과 성공이라는 두 마리 토끼를 다 잡게 하자는 게 회사의 사업 목표였다.

이너서클 펀더멘탈이 출범하고 3개월이 지나자 중견 제약회사에서 처음으로 강의 요청이 들어왔다. 중견 간부를 대상으로 하는 교육을 감당하기에는 어린 나이였지만 용기를 냈다.

우선 신뢰 구축이 필요하다고 인식하고 있던 나는 나이에 대한 편견을 깨기 위해 강의 시작 전에 사람들에게 광고 한 편을 보여 주었다.

그 광고는 늙은 사람과 젊은 사람이 동시에 강의실에 들어서는 장면으로 시작한다. 그 장면을 보는 사람들은 당연히 늙은 사람이 교수일 것이라고 생각하지만 실제 교수는 젊은 사람이라는, 우리의 편견과 낡은 고정관념을 깨버리는 통쾌한 내용의 광고였다.

내 상황과 딱 맞아떨어지는 내용이었기 때문인지 광고를 보고 난 후 강의실 분위기는 달라졌다. 퍼스널 브랜드라는 전혀 새로운 개념에 대한 설명이었음에도 강의에 대한 반응은 깜짝 놀랄 만큼 뜨거웠다. 당시만 해도 국내에서는 개인의 브랜드 가치를 개념화해서 교육하는 것에 대한 인식이 보편화되지 않았기 때문이었다.

: 세계적인 스승들에게 배운 운명학

이후 주요 일간지를 비롯해 각종 매체에 회사가 소개되었고, 강연 요청은 그야말로 줄을 이었다. 그리고 교육과 컨설팅에 대한 효과가 점점 입소문을 타면서 프로젝트들이 착착 들어오기 시작했다. 우리는 모두에게 도움이 되는 일을 한다는 생각에 며칠씩 밤을 새워도 힘든 줄을 몰랐다. 회사 일을 하는 동안에는 내내 즐겁고 행복했다.

남자들이 2년 반 동안 군대에 가듯 나 역시 딱 2년만 회사를 운영하겠노라 다짐했지만, 몇몇 주요 기업의 강의는 복학한 후에도 한동안은 어쩔 수 없이 계속했다. 그리고 처음에 회사를 세울 때의 숨겨진 목적, 즉 함께 일하는 선배들에게 최고의 경력과 열정을 찾아주겠노라고 다짐했던 것이 참으로 멋지게 이루어졌다.

한 선배는 어릴 적부터 원했던 요리 쪽으로 진로를 바꿔 미국 호텔의 요리사가 되었고, 세계 유수 IT 기업 본사에 취업해 계속해서 인력관리를 담당하고 있는 선배도 있다.

유럽에서 MBA를 마친 후 우리나라 대기업에서 특별대우를 받는 조건으로 들어와 있는 멤버도 있다. 성공적이라고 평가할 수 있는 일이었다.

복학한 후로는 다시 학교 공부에 몰두했다. 그리고 회사를 경영해서 번 돈으로 서양과 인도의 점성술을 배우기 위해 외국을 다녀온 적도 많았다. 내가 가르침을 받은 스승들 가운데는 그 나라의 대통령과 직접 만난다는 스승들도 있었다. 이처럼 세계적인 스승들을 만나 운명학의 기본 원리와 다양한 활용법을 배울 수 있었던 것은 내게 주어진 행운이었고 언제나 감사하고 있다.

내가 이렇게 동서양의 운명학 공부에 빠지게 된 것은 타고난 운명과 내 자유의지가 이상적으로 조합을 이루어가는 과정이라고 믿는다. 그리고 내 스스로 간절히 원하는 꿈을 좇아 운을 움직여가는 과정이기도 할 것이다.

당신이 헛된 노력을 하지 않기 위해서는 자신의 타고난 장점과 특성을 굳게 믿어야 한다. 그리고 자신이 누구인지를 제대로 안다면 타고난 행운과 재운을 잘 활용하는 방향으로 행동하지 않을 수 없다. 마치 복권이 당첨될 것이 확실할 때 복권을 사지 않을 수 없는 것처럼.

있는 그대로, 보이는 그대로 사랑하라!

: 연애운이 좋았던 시절

지금까지 9년 동안 내가 겪은 사랑과 운의 관계를 맞추어보면, 나의 연애운이 좋지 않았던 시기에는 단지 사랑을 받고 싶어 했을 뿐이라는 생각이 든다. 진정으로 그를 사랑했다기보다는 그냥 만남 자체를 즐겼다고나 할까.

나는 내가 사랑하는 남자를 좋은 방향으로 가르친다거나, 조금씩 서로 양보해서 타협점을 찾아나가는 것을 상당히 기피하는 편이다. 있는 그대로 그 사람의 장점만 보고 단점은 눈감고, 그리고 못 참겠으면 그냥 떠나면 된다고 생각한다.

"오빠, 담배 피우지 마!"

"오빠, 술 좀 적당히 마셔요."

"지난 토요일에 누구랑 어디에서 뭐 했어?"

이런 충고 내지 잔소리를 하면서 알뜰살뜰하게 걱정해주는 것은 결코 내가 좋아하는 사람에게 보여주는 모습이 아니다. 사람이라는 게 완벽하지는 않지만 완전한 존재이기 때문에 있는 그대로, 보이는 대로 받아들이고 믿어주는 게 사랑이라는 생각은 지금도 변함이 없다.

돌이켜보면 나의 연애운이 좋은 시기에는 나도 상대도 서로 있는 그대로의 모습을 사랑할 수 있었고, 결과적으로 내 인생은 더욱 풍요로워졌다. 서로를 행운의 선물처럼 생각했기 때문이었다. 하지만 연애운이 좋지 않았던 시기에는 마치 운동선수의 코치 내지는 컨설턴트처럼 변신했다. 취직 시험 공부를 돕고, 인터뷰 준비를 함께하며, 심지어 집안 대소사를 논의한다거나 하는 방식으로 말이다.

나는 평소에 사람을 만날 때 내가 뭘 좋아하고 싫어하는지 뚜렷하게 밝히는 편은 아니다. 그런데 연애운이 좋은 시기에 남자를 만나면 달라졌다.

"저는 오래 걷는 걸 싫어해요."

"동물원은 가고 싶지 않아요."

"행복해라. 이런 분위기의 식당을 좋아해요."

그 남자에게 내가 좋아하거나 싫어하는 것을 분명히 말하게 되었다. 거기에다 그런 나를 존중하고 편안하게 대해주는 상대에게 자연스럽게 마음을 조금씩 열었다. 이처럼 건강한 사랑을 키워갈 수 있었던 것은 나를 있는 그대로 받아들이는 상대의 배려 덕분이었을 것이다.

: 서로의 믿음이 사랑을 키운다

내가 사귀었던 남자 친구 P는 부모님께 빌린 돈으로 빌딩을 매입해 사업을 시작했는데, 처음에는 폭발적인 인기를 끌다가 곧바로 사양길로 접어들었다. 사업이 잘 풀리지 않아 어깨를 축 늘어뜨린 채 걱정이 태산이었다. 한숨만 푹푹 내쉬는 P에게 운을 공부한 사람으로서 자신있게 한마디 던졌다.

"괜찮아. 마음 편히 일단 기다려봐. 3개월이 지나지 않아 꼭 좋은 일이 있다니까."

마음이 흔들리지 않는 것이 가장 중요하다고 판단했다. 안달을 하면 할수록 좋은 운이 빠져나가기 쉬운 법이 아니던가.

이후로 둘이서 만날 때는 회사 이야기보다 앞으로 뭘 하면 좋을까 하는 사업 구상을 화제로 삼아 이런저런 얘기꽃을 피웠다. P도 내 말을 믿게 되었는지, 사업은 나아진 바가 없었는데도 얼굴에서는 불안한 기색이 사라져갔다.

2개월 하고도 보름쯤 지났을까. P한테 거의 울먹이는 목소리로 전화가 걸려왔다.

"정일아, 꿈꾸는 것 같아. 네 말이 맞았어. 여기가 재개발 지역이 되면서 땅값이 천정부지로 뛰었어."

"와아, 신난다! 축하해. 이렇게 되려는 거였구나."

P에게는 힘든 상황이었지만 나는 언제 어떻게 좋은 일이 생길까라는 게 궁금했을 따름이었다. 운을 공부했기에 나는 믿음의 힘을 안다. 연애운이 좋은 시기였기에 P는 내 말을 전적으로 신뢰했고, 결국 그 믿음이 재운을 불러온 셈이었다.

어떤 사람은 상처를 받는 게 두려워 어떤 것도 믿으려 하지 않는다. 믿지 않는다고 두려움이 없어지는가. 오히려 믿음보다 더 큰 두려움을 마음속에 키우고 있을 뿐이다. 믿기를 두려워하기보다는 믿지 않는 것을 주의해야 한다. 내 마음속의 두려움들은 나에게 다가오는 행운을 막아서기 때문이다.

어려움에 처했을 때나 일이 잘 풀리지 않을 때일수록 내 안의 더 큰 나를 믿어주자. 만약 스스로 조급해질 때라도 행운은 가장 적절한 시간에 당신을 찾아올 것임을 기억하자. 지금 행운이 오지 않았다면 지금이 가장 좋은 때가 아니기 때문이다.

결혼은 적과의 동침이다

: 결혼은 나와 180도 다른 사람과의 만남

페르시아의 어떤 사람이 여행 중에 점토를 발견했다. 그런데 그 흙덩이에서 아주 좋은 향기가 풍기는 것이 아닌가? 그것을 이상하게 여긴 여행객이 물어보았다.

"아니, 흙에서 어떻게 이런 좋은 향기가 날 수 있나요?"

그러자 흙덩이가 빙그레 웃으면서 이런 대답을 했다.

"내가 장미꽃과 함께 있었기 때문이지요."

그렇다. 우리는 누구를 만나느냐에 따라 향기를 풍길 수도, 아예 썩은 냄새가 날 수도 있다.

마찬가지로 우리는 만남을 통해 서로의 재운, 부모운, 자식운, 연애운, 결혼운, 직장운 등이 각각 긴밀하게 상호 작용하는 것이다. 따라서 사람의 만남은 각자의 운에 영향을 미치게 된다.

운명학에서는 가정이나 부모, 고향을 주관하는 운이 나의 만년 및 부동산운과 밀접한 관련이 있다. 즉 이런 것들은 그 사람의 고향과 같은 존재이며 안식처가 된다는 뜻이다.

그리고 나의 오락을 주관하는 운은 나의 자녀나 예술품을 주관하는 운과 통해 있다. 자신이 만들어내는 것들, 이를테면 자녀나 애인 그리고 예술 작품들이나 창작물 등은 모두 자기표현의 상징으로 받아들이기 때문일 것이다.

그렇다면 결혼을 주관하는 운은 어떤 영역에서 작용하는 것일까? 재미있게도 여자든 남자든 배우자는 적이나 라이벌 또는 동업자의 영역에 존재한다.

즉 운명학에서 말하는 결혼이란 '나와 180도 반대편에 서 있는 것들'과 손을 맞잡는 것이다. 나와 반대되는 극성의 사람을 만나 나 자신의 삶을 지탱하는 에너지에 균형을 맞추어준다는 의미로 해석할 수 있겠다.

서로 다른 남녀 두 사람이 생의 전반(사회적 경력, 자녀, 재정 등)에 걸쳐 협력 관계를 형성하면서 서로의 삶을 고양시키는 것이다. 나아가 '궁합이 좋다'는 것은 결혼을 통해 서로의 장점을 결합함으로써 운을 상승시킬 가능성이 크다는 뜻이다.

: 결혼은 가정이라는 사업체를 경영하는 것

중소기업을 운영하는 P씨는 평판이 좋지 않다. 주위 사람의 말을 빌리자면 그는 '인간성 제로'인 사람이다. 그런데 그가 벌이는 일은 언제나 술술 풀리고 있다. 혹자는 "저런 인간이 부자로 산다는 것은 세상이 잘못 돌아간다는 증거다"라는 말을 서슴없이 내뱉을 정도이다. 권선징악의 사고로 보면 그럴 수 있다. 그러면 P씨가 탄탄대로의 인생을 살아가도록 만드는 운의 비밀은 어디에 있을까?

바로 이상적인 결합에 가까운 그의 결혼에 있다. 그의 아내는 부잣집 딸은 아니지만 포용력이 있고 주위를 먼저 배려하는 스타일이다. P씨와는 정반대의 성격으로 남편의 결점을 보완하는 역할을 하고 있다고 봐야 한다.

그리고 P씨는 돈 한 푼을 가지고 벌벌 떠는 짠돌이 성향을 가지고 있지만, 그의 아내는 남에게 좋은 인상을 주면서 재운이 들어오는 길을 닦고 있다.

본래 P씨처럼 돈에 연연한 나머지 주위의 고마운 사람에게도 베풀지 않으면 돈이 갇히는 형국이 된다. 그러면 길이 없으니 돈이 들어오기도 힘들어진다.

하지만 P씨는 세상에 대한 직관력이 뛰어나고 재산을 잘 활용할 줄 아는 아내를 선택한 덕분으로 자신의 재운을 거뜬히 활용하며 승승장구 중이다.

　재력이 있는 집안에서는 소위 엄친아와 엄친딸의 결혼이 많은 편이다. 쉽게 얘기하자면 환경이 비슷한 집안끼리 혼사가 많이 이루어진다는 말이다.

　결혼은 연애와 달리 사업의 측면이 강하다고 했다. 연애는 헤어지고 만나는 일이 두 사람의 관계에만 국한되지만, 결혼은 두 사람의 사랑을 매개로 가정이라는 사업체를 경영한다는 관점에서 바라보아야 한다.

: 동업자와 연인이라는 2가지 배역

　그렇다면 어떤 상대를 골라야 결혼운이 좋아지는가? 원하는 상대를 끌어오기 위해 가장 중요한 것은 결혼운이 좋을 때 당신의 모습을 결정하는 것이다. 예를 들면 결혼 생활을 할 때 당신이 간절히 원하는 행복한 모습이 어떤 것인가를 상상해보자. 영화, 드라마, 소설 등에 등장하는 주인공의 이미지가 아니라 내 안의 나에 초점을 맞추어야 한다.

　자신과 배우자의 사회적 성공, 격정적인 섹스의 황홀함, 대저택에서 즐기는 화려한 파티, 가족들과 함께하는 오붓한 식사 시간, 설레는 마음으로 떠나는 해외 여행지 등등. 아마 사람마다 상상하는 결혼 생활의 행복한 모습은 천차만별일 것이다.

자신과 다른 상대에게 강하게 끌려 결혼했지만 시간이 지날수록 서로 이해하지 못하는 일들이 많아지면서 '성격 차이'에 견디지 못하게 되는 경우가 흔하다. 이때 배우자는 동반자가 아닌 그야말로 '적'으로 간주되기 십상이다.

특히 배우자를 가정이라는 사업체를 이끌어가는 동업자로 인식하기보다는 사랑의 감정을 앞세워 연인으로만 대할 때 결혼이라는 사업은 날이 갈수록 힘들어진다. 서로 동업자와 연인이라는 두 가지 배역을 동시에 해내기가 여간 어렵지 않기 때문이다.

결혼은 나와 반대의 기질을 가진 상대방을 만나서 서로 이해하고 받아들이면서 조화와 균형을 맞추어나갈 수 있는 관계가 가장 바람직하다. 그럴 때 서로의 장점이 상승작용을 일으키면서 자녀운과 재운 등이 함께 좋아지는 것이다.

나와 다른 당신을 이해하고 받아들이는 포용력과 그 과정에서 필요한 인내심을 가지고 있는데 어떻게 운이 좋아지지 않을 수 있겠는가?

더러 생각에 따라서는 같은 기질의 결합이 더 친밀감이 들고 친구처럼 좋을 것 같지만 가정이라는 사업이 발전할 가능성은 별로 높지 않다고 봐야 한다. 그뿐만 아니라 시간이 지나면서 서로 충돌할 가능성도 더 높아진다.

배우자의 장점은 내가 이미 가지고 있는 것이라 새롭지 않을 뿐더러, 게다가 가장 싫어하는 내 단점을 배우자를 통해 자꾸만 확인하게 되기 때문이다. 이런 경우라도 배우자를 통해 '내 안에 있지만 내가 보지 못하는 나의 단점'을 보게 된다는 점에서 상대를 이해하고 받아들인다는 자세가 중요하다.

모든 부모는 자식에게
행운과 재운을 물려준다

: 부모는 자식에게 존재의 근본이다

우리는 부모로부터 많은 재산을 물려받거나, 명성을 가진 집안에서 태어나면 부모운이 좋다는 말을 입에 올린다. 그러나 가난한 집에서 태어났다고 해서 부모운이 나쁘다고 단정해서는 안 된다.

여성 P씨는 한때 부자로 살다가 망한 후 쪼그라든 집안이 펴질 줄을 몰랐다. 졸지에 집안 살림을 맡은 어머니가 보험설계사를 시작했지만 P씨 형제들 학비를 대기에도 벅찼다. 그러나 P씨는 월셋집에서 살지만 웃음을 잃지 않았으며, 오히려 힘들게 일하는 어머니를 위로하며 힘이 되려고 노력했다.

"내가 부모님을 원망하고 내 처지를 슬퍼한다고 해서 더 행복해지거나 없는 돈이 생기는 게 아니잖아요."

강남에 살면서 잘사는 친구들 때문에 자존심이 상할 때도 많았지만 P씨는 자신의 처지를 한탄하지 않았다.

어렵게 대학을 졸업한 P씨는 작은 잡지사에 파트타임으로 일자리를 얻었다. 그러던 중 한 운수업체의 경영자를 인터뷰할 일이 있었다. 공교롭게도 그 사람은 과거 그녀의 아버지에게 도움을 받았던 사람이었다. 그는 그간의 사연을 듣고 마음 아파하면서 당장 자기 회사에서 일할 것을 권했다.

매사에 긍정적이고 적극적인 그녀는 비서로 능력을 발휘하며 신임을 얻게 되었다. 회사의 관리를 맡아 빈틈없이 일을 처리했을 뿐만 아니라 현장 관리에도 뛰어난 솜씨를 보여주었다. 회사의 운전기사들이 겪는 어려움을 앞서 해결하는 등 경영상의 문제들을 뒤탈 없이 깔끔하게 처리하는 수완을 발휘하기도 했다.

운수업체 사장은 마침내 P씨에게 대표이사 자리를 제의했다. 지분이 있는 전문 경영인으로서 회사 운영을 맡아달라는 부탁이었다. 자신은 다른 사업체인 여행사 경영에 더 몰두하겠다는 게 이유였다. 사장의 제의를 받아들인 P씨는 비서로 일하기 시작한 지 7년 만에 대표이사 자리에 올라 주위를 깜짝 놀라게 했다.

P씨의 경우는 좋은 부모운을 받는 것도 자신에게 달렸음을 보여주는 사례다.

모든 부모가 자식에게는 존재의 근본이고, 또 자식은 자기가 낳은 자식의 근원이 되는 것이 인간의 삶을 연결하는 고리다.

우리 모두는 사실 부모로부터 많은 행운을 받고 태어난다. 그 것을 제대로 살리고 못 살리고는 순전히 우리의 몫이다. 부모에게 감사하는 것은 자신이 타고난 행운과 재운을 인정하는 시작점인 것이다.

: 하늘이 내린 3가지 은혜

일본 마쓰시타 그룹의 창업자 마쓰시타 고노스케를 보자.

마쓰시타는 아버지의 파산으로 초등학교 4학년을 중퇴하고 자전거 점포의 점원이 되었는데, 밤이면 세상을 떠난 엄마가 그리워서 눈물을 흘리던 울보였다. 그러던 그가 전후 일본을 대표하는 최고의 경영자가 되었다. 일본 최고의 기업을 경영하면서도 감사하는 마음과 검소한 삶을 실천해 많은 칭송을 받았던 인물이다.

어느 날 그에게 한 사람이 질문을 던졌다.

"회장님은 어떻게 해서 이처럼 큰 성공을 거두셨는지요?"

"나는 하늘이 주는 세 가지 은혜를 입고 태어났지요. 가난한 것, 허약한 것, 못 배운 것, 이 세 가지를 가졌기 때문에 성공할 수 있었어요."

"네? 그것은 모두 불행이라고 할 수 있는데 하늘의 은혜라구요?"

마쓰시타 회장은 놀라는 그 사람에게 차근차근 말하기 시작했다. 가난하게 태어났기 때문에 부지런히 일하지 않고서는 잘살 수 없다는 진리를 깨달았고, 또 약하게 태어났기 때문에 건강의 소중함을 일찍 깨달아서 몸을 아끼고 건강을 지키는 데 힘쓸 수 있었으며, 초등학교 4학년을 중퇴했기 때문에 항상 배우려는 노력을 할 수 있었다고 했다.

마쓰시타 회장이 부모님에게 물려받은 것은 온통 불운한 것들뿐이었다. 그러나 그는 자신의 신세를 한탄하지 않았다. 오히려 자신이 타고난 부정적인 유산을 모두 삶의 긍정적인 에너지로 바꾸어놓았다.

그는 남들이 불행하다고 말하는 가정환경이 자신을 성장시켜주었기 때문에 감사하는 삶을 살 수 있었다는 말까지 남겼다.

직업도 궁합이 맞아야 한다

: 내게 맞는 일이 행운을 부른다

우리 주변에는 성공 지침서와 자기계발서들이 넘쳐난다. 일반 비즈니스맨들조차 경제 상황이 어려운 와중에 믿을 거라곤 자신의 능력밖에 없다고 생각한다는 반증이리라.

물론 세상살이에 꼭 필요한 방법론을 제시해 우리에게 도움을 주는 책들이 많고, 또 성공한 사람의 스토리는 실제로 인생의 모델로 삼을 만하다.

그런데 이런 책들을 대하면서 느끼는 한 가지 불만은 내가 누구인가에 대한 성찰이 결여되어 있다는 점이다. 내가 누구인지를 알아야 내게 맞는 방법을 찾아 행복과 성공의 길을 달려갈 것이 아닌가?

우리는 각자 타고난 성격, 재능, 체질, 외모 등등 여러 가지가 모두 다르다. 그리고 우리의 마음에도 여러 유형의 모습들이 병존하고 있다.

게다가 '여러 가지 나'는 주어진 환경이나, 만나는 상대에 따라 조금씩 다른 모습으로 나타나기도 하고, 아예 후천적으로 바뀌기도 하는 등 천차만별이다.

그렇다면 도대체 어떻게 해야 진정한 나를 찾으면서 내가 간절히 원하는 꿈과 희망을 발견할 수 있는가?

우리가 일상생활에서 '나다운 나'를 아는 쉬운 방법 중의 하나는 어떤 상황이건 스스로 마음이 가장 편안함을 느낄 때라고 생각하면 된다고 앞에서 이야기했다. 즉 억지스러움이 아니라 있는 그대로의 나를 자연스럽게 인정할 수 있어야 한다.

더러 나도 나를 잘 모르겠다는 사람을 본다. 만일 당신이 그런 생각을 한다면 그동안 내 자신에게 무관심했던 것으로 이해하면 된다.

처음 만나는데도 오랜 친구처럼 편안한 사람이 있고, 10년을 만나도 늘 불편한 사람이 있게 마련이다. 마찬가지로 일도 내 적성에 맞는 일이 있고, 열심히 한다고 해도 늘 결과가 신통치 않은 일이 있다.

일과 사람도 서로 궁합이 맞아야 한다고나 할까? 내게 열정을 느끼게 하든, 인내심을 가지게 하든, 편안한 마음 상태를 유지할 수 있는 일을 찾는 게 그래서 중요하다.

만일 아침잠이 많은데 아침형 인간이 되려면 힘들고 불편하고 성과도 오르지 않는다. 이런 경우에는 자기에게 맞지도 않는 방법을 가지고 씨름을 할 것이 아니라, 자기의 생체리듬에 잘 맞는 시간 관리법이 필요할 것이다. 억지로 아침형 인간이 되려고 노력하다가는 좋지 않은 결과만 초래하기 때문이다.

그리고 일을 할 때 남들에게는 피 말리는 경쟁이 역으로 삶의 스릴로 느껴져 즐겁다는 사람도 있다. 이런 사람은 경쟁을 통해 성장을 하고, 스스로 행운을 불러들이는 게 된다. 반면에 윈윈하는 좋은 인간관계를 맺으면서 타고난 재능을 꽃피우고 성공하는 사람도 있다.

균형 감각이 없는 사람에게 중요한 협상을 맡기면 일을 그르치기 쉽듯이, 말재주가 좋은 사람이 하루 종일 기계하고만 씨름한다면 속에서 부정적인 에너지를 키우게 된다.

이미 스스로 바꿀 수 없는 단점은 차라리 긍정하는 자세가 필요하다는 것을 다시 강조한다. 그리고 억지로 그 상황에 자신을 꿰어 맞추기보다는 있는 그대로의 자기를 유지하려는 마음가짐이 훨씬 효율적이라는 사실도 꼭 기억하자.

: 집안의 문제아가 일본의 인기 작가로

상류층 집안의 막내아들인 B씨는 학교를 졸업하고 하는 일 없이 집에만 틀어박혀 있었다. 집에서 하는 일이라곤 엽기적인 만화를 그리거나, 아니면 공포스러워 영화 비디오를 빌려 보는 게 고작이었다. 일류 학교를 졸업하고 의사와 변호사가 된 누나와 형들에 비해 상대적으로 집안의 큰 골칫덩이였던 셈이다.

B씨의 어머니는 저러다가 막내아들이 정신이상이 되는 게 아닐까라는 생각이 들 정도였다. 잘난 누나와 형한테 치여서 애가 기를 펴지 못해 자꾸 이상한(?) 세계로 빠져든다는 불안감이 커져만 갔다. 내 고객이었던 B씨의 어머니가 자연스럽게 막내아들 이야기를 꺼냈다.

"애가 취직을 안 하는지 못 하는지 걱정이 태산이에요. 그냥 집에서 하루 종일 컴퓨터를 끼고 살아요. 그리고 하는 일이라곤 고작 귀신 만화만 그린다니까요."

내가 만난 B씨는 당시 하드코어적인 책과 영화, 만화에 심취해 있었다. 자기는 미치도록 재미있는데 부모님이 싫어한다는 것이었다. B씨가 재미있어하는 일을 부모님이 좋아할 리는 만무했다. 차트를 보니 B씨는 해외에서 성공할 운을 가지고 있었다.

"B씨를 일본으로 유학 보내세요. 그냥 두면 정말 기를 펴지 못합니다."

"아니, 지금 우리랑 집에 있으면서도 그렇게 이상한 만화만 그리고 그런 영화만 보는데, 혼자 일본에 보내놓으면 아예 애를 망치지 않을까요?"

"가장 원하시는 게 아드님의 행복이잖아요? 지금부터 3년 뒤면 아드님에게 감탄할 일이 생길 거예요. 걱정하지 마시고 아드님을 믿어보세요."

B씨는 일본 유학길에 올랐다. 자신이 좋아하는 책과 영화를 더 많이 보기 위해서 일본어 공부를 해두었던 게 일본에 빨리 적응하는 데 큰 힘이 되었다. 그는 일본에서 자신이 정말 쓰고 싶었던 소설을 쓰면서 주위로부터 인정을 받기 시작했다.

현재 일본에서 공포스릴러물 작가로 활약하고 있는 B씨는 비로소 자신이 진정으로 하고 싶었던 일을 찾은 것이다. 그리고 지금은 일본의 유명한 추리소설상의 수상 작가로 독자들로부터 많은 사랑을 받고 있다.

집안의 천덕꾸러기에 지나지 않았던 B씨가 일본에 건너가 성공할 수 있었던 이유는 무엇일까? 재능, 돈, 노력, 운 등 여러 가지를 이유로 꼽을 수 있겠다. 그러나 이런 것들은 남의 눈에 비친 B씨의 모습에 지나지 않을 수도 있다.

보다 중요한 것은 B씨가 자신을 알고, 그리고 자신이 무엇을 절실하게 하고 싶어 하는지를 알고 있었다는 사실일 것이다. 그랬기 때문에 식구들이 뭐라 하건 자신에게 집중할 수 있었고, 또

자신이 정말 하고 싶었던 일을 하면서 즐겁고 행복한 삶을 살아
가고 있다고 봐야 한다.

: 혹시 일이 힘들고 재미없는가?

혹시 지금 하고 있는 일이 힘들고 재미없다고 느끼고 있는가?
그렇다면 당신은 인내심을 필요로 하는 일을 하고 있거나, 아니
면 일이란 원래 힘든 것이라는 고정관념에 빠져 있거나 둘 중의
하나일 가능성이 많다.

만약 첫 번째라는 생각이 들면 자신의 내면을 들여다보아야 한
다. 남을 의식하지 않은 채 마음의 눈으로 자신을 직시하라.

그때 내 안의 여러 모습 가운데 '인내하는 나'가 가장 강하다면
걱정할 필요가 없다. 당신의 인내심이 성공으로 이끌 테니까. 그
러나 '즐기는 나'가 가장 강하다면 지금 하고 있는 일을 바꾸는
게 좋다. '즐기는 나'에게 인내심을 필요로 하는 힘든 일은 어울
리지 않기 때문이다.

만약 두 번째라면 당신은 그 고정관념에서 빨리 벗어나야 한
다. 우리는 일반적으로 직업이나 일에 대해 힘들고 어렵다는 부
정적인 인식을 갖고 있다. 자기 적성에 맞는 일을 하고 있는 사람
조차도 월급 받고 하는 일은 힘든 것이라고 생각하는 경우가 있

다.

그러나 어떤 일을 하건 돈을 번다는 것은 감사한 일이 되어야한다. 지금 당신이 하고 있는 일의 대부분은 다른 사람이 절실하게 필요로 하는 것들이다. 당신이 만든 아주 작은 물건이 누군가에게 큰 기쁨이 된다는 사실이 가슴을 설레게 하지 않는가?

당신의 내면에서 간절히 원하는 꿈을 발견하라. 당신이 꿈을 갖게 되는 순간, 진정으로 하고 싶은 일을 발견하게 될 것이다.

나에게 맞는
직업운 찾기

나의 일, 나의 직업을 선택할 때는 나의 장점과 나의 마음이 가장 많이 끌리는 방향으로 결정해야 후회가 없다. 그리고 꼭 명심할 일은 모든 것이 나를 위한 결정이며, 내가 진정으로 원하는 것이어야 한다는 사실이다.

1. 카리스마 있는 사람

힘과 권위를 의식하며 책임감이 강한 사람이다. 법관이나 행정가 등의 권력자, 공익에 헌신하는 지도자나 스포츠 감독, 막대한 돈을 다루는 은행가와 사업가, 자의식이 강한 작가, 화려한 장신구를 만드는 보석 세공인 등이 어울린다.

카리스마는 지도자의 성공에 반드시 필요한 요소이며, 정치인이나 권력자에게 좋은 운을 가져다준다.

카리스마가 유난히 두드러질 때

● 리더십이 강하며 위엄이 있다.

● 이상이 높고 고귀하다.

● 자신의 열정을 사람들 앞에 나타내고 싶어 한다.

2. '현재'를 중시하는 사람

일반적인 서비스업과 회사의 총무과, 운송 사업이 잘 맞는다. 여성과 관련이 있는 관직이나 유치원 교사, 무역업을 비롯해 음식, 물 등을 다루는 직업이 행운과 재운을 상승시킨다.

관리 능력이 뛰어나고, 직관력이 있는 사람은 누군가에게 대중적으로 보여주는 이미지(대중에게 보여주는 인상)가 좋다.

관리 능력이 유난히 두드러질 때

● 온화하며 감정의 흐름이 물 흐르듯 원활하다.

● 남을 잘 이해하고, 공감하는 감정의 표현이 뛰어나다.

● 포용력이 있어 다른 사람의 호감을 산다.

3. 호기심이 많고 커뮤니케이션 능력이 좋은 사람

작가, 배우, 웅변가, 선생님 등 목소리를 많이 쓰는 직업을 선택하면 성공운이 따른다. 발명가, 과학자, 저널리스트나 기자, PD, 조사원이나 연구원 등 정보를 다루는 직업, 상인, 집배원, 전기나 통신 등 통신 분야 종사자, 기술과 지혜를 연마한 장인, 회계사, 민간 엔지니어 등이 잘 어울린다.

유난히 사람들을 잘 사귀는 경우

● 호기심이 넘치고, 지적이며, 사물을 관찰하는 눈이 예리하다.

● 반짝이는 창조력과 아이디어가 풍부하다.

● 재치와 위트가 넘치며 사람을 즐겁게 해준다.

4. 전형적인 '여성성'이 두드러지는 사람

음악이나 미술, 무용 등 예술과 관련된 일을 할 때 즐겁고 행복하다. 보석, 향수, 화장품 등을 다루거나 만드는 사람, 자수를 놓는 사람, 의상 디자이너를 포함하여 여성과 관련되거나 미를 추구하는 모든 사업, 남에게 즐거움을 주는 배우나 가수 등 연예인이 잘 어울린다.

예술적인 성향이 풍부해 다른 사람의 관심과 사랑을 독차지하며, 특히 정치인의 경우에는 이것이 대중적인 인기를 얻게 하는 요인으로 작용한다.

즐겁게 잘 노는 성향이 강할 때

● 사교적인 행동과 산뜻하고 맵시 있는 외모가 어울린다.

● 다른 사람의 삶을 풍요롭게 해주는 능력이 있다.

● 사물을 대할 때 균형 감각이 있고, 대인관계를 중시한다.

5. 전형적인 '남성성'이 두드러지는 사람

군인을 비롯해 운동선수, 외과 의사, 화학자, 대장장이, 엔지니어, 상인 등 남성적인 직업, 이발사, 목수, 칼 등 날카로운 도구를 사용하는 직업, 철과 강철을 다루는 직업, 제빵사와 염색공 등 육체노동을 하는 직업을 선택하면 능력을 발휘한다.

용기 있는 행동력과 체력은 남성미를 상징한다. 또 지도력과 수행 능력을 나타내므로 정치인, 기업의 중역이나 군인으로서 성공하기 위해서는 이런 기질이 필요하다.

용기가 넘치고 행동이 앞설 때

- 경쟁적이며 집중력을 가지고 승리를 위해 싸운다. 패배를 죽기보다 싫어한다.
- 강한 도전의식을 겉으로 드러낸다.
- 에너지를 차곡차곡 모았다가 한번에 폭발시킨다. 고도의 집중력이 있다.

6. 비전이 있고 긍정적인 사람

종교나 법과 관련된 모든 직업, 철학가, 금융가, 자선가, 옷감을 다루는 직업에 잘 어울린다.

천성이 낙천적인 사람은 무슨 일을 하더라도 행운이 뒤따르며, 금융 분야에서 뛰어난 투자 판단을 할 수 있다. 자신감이 넘치는 성격으로 사업이나 외교 분야 직업에서 뛰어난 능력을 발휘한다. 사람들의 의견을 주도하거나 신뢰를 얻으려는 지도자에게 필수적인 기질이다.

앞날을 낙관하고 성격이 긍정적일 때

- 도덕적이며 교육자로서의 자질이 있고 이상이 높다.
- 자기 가치관을 강하게 주장하지만 성격은 관대하다.

7. 인내심이 강한 사람

부동산업이나 디벨로퍼 등 땅을 다루는 것과 관련된 모든 직업, 땅에서 산출되는 일용품을 만드는 직업, 일반적인 노동자와 건축가, 경찰, 배관공, 현장 기사 등에게 잘 나타나는 기질이다.

인내심이 강한 사람은 시련과 위험을 만날 때 책임을 다하는 강한 정신력을 가지고 있다. 많은 위대한 장군들이 대부분 인내심이 아주 강하며, 뛰어난 군사 전략을 주도하는 능력을 가지고 있다.

인내하는 것을 제일 잘할 때

- 진중하고, 세속적인 가치에 대해 꿰뚫어 보는 능력이 탁월하다.
- 인내심이 강하고 예의가 바르며 매우 인간적이다.

행운과 재운을
키우는 7가지 기술

일상생활에서 이루어지기를 원하는 꿈이나 상상은 구체적이어야 한다. 그 크기는
신경을 쓰지 않아도 된다. 꿈이 크다고 해서 실현이 안 되는 것이 아니라, 눈에 실
체가 보이지 않기 때문에 잡을 수 없을 뿐이다.

세상의 모든 것에 감사하라

: 모두에게 감사해야 할 일이지요

나는 사람을 만날 때마다 "감사합니다"라는 말을 연발한다. 내가 살아야 할 이유만큼이나 감사해야 할 이유가 많기 때문이다. 내 감사의 인사를 받은 분들도 뭔가 감사해야 할 일을 찾느라 즐거운 표정이다. 그런 모습을 보노라면 내 마음이 열 배는 더 즐거워진다.

가는 말이 고와야 오는 말이 곱다고, 내가 감사의 마음을 전달하면 상대도 기쁜 마음으로 감사의 인사를 하는 것이다.

돈을 쓸 때 즐거운 마음을 가져야 한다고 말한다면, 행여 돈을 쓸 때 즐겁지 않은 사람이 있느냐고 반문을 할지도 모르겠다. 하지만 대부분의 사람들은 돈을 쓰면서 아깝다고 생각하거나, 쓰고 나서 한참 뒤에 후회하곤 한다.

돈을 즐겁게 번 사람은 한 푼의 돈이라도 즐겁고 감사하는 마음으로 쓰는 법이다. 그뿐만 아니라 실제로 돈을 즐겁게 쓸 줄 아는 사람은 즐거움을 넘어 감사하다고까지 말한다. 내가 열심히 일을 해서 번 돈을 쓰는데 누구한테 무엇을 감사해야 할까?

내 고객 중에는 수백억 대의 재산가 S씨가 있다. 가난하게 태어났지만 식당에서 출발하여 운수업체를 경영하며 자수성가한 인물이다. 지금은 S씨의 고향 마을을 지나가려면 그의 땅을 밟지 않고는 불가능하다고 할 만큼 소문난 땅 부자다. 아울러 내가 만난 사람들 가운데 참으로 드물게 자신이 타고난 재운을 100퍼센트 활용하는 사람이기도 하다.

하루는 풍수를 봐달라는 S씨의 손에 이끌려 그 동네에 들른 적이 있었다. 30분을 달리는 동안 주변 땅이 모두 S씨의 소유였으니 말해 무엇하랴.

그때가 여름철이어서 목이 마르던 차에 S씨와 함께 음료수를 사기 위해 동네 구멍가게에 들어갔다. 그런데 그가 음료수와 거스름돈을 받으면서 환한 미소를 곁들여 분명한 목소리로 한 마디를 던졌다.

"감사합니다!"

그것도 작은 구멍가게에 울릴 만큼 꽤 큰 소리로 말하는 통에 나는 놀라고 말았다. 아니, 700원짜리 음료수를 한 잔 마시는 데 뭐가 그렇게 감사하다는 말인가?

자기에게 음료수를 건넨 구멍가게 아주머니에게(사실은 약간 퉁명스러웠다) 고맙다는 인사를 그렇게까지 할 필요가 있을까? 순간적으로 여러 가지 궁금증들이 스쳐갔다.

조금 놀란 듯 쳐다보는 나에게 S씨가 답을 주었다.

"모두에게 감사해야 할 일이지요. 천 원짜리 한 장이지만 이런 돈을 쓸 수 있는 게 얼마나 감사한 일입니까. 나는 돈을 벌 때나 돈을 쓸 때나 감사한 일밖에 없어요."

자신이 이렇게 건강하게 살아가는 것, 돈을 벌 기회가 자기에게 주어졌다는 것, 이렇게 돈을 쓸 수 있다는 것, 지금까지 수많은 사람의 도움을 받았다는 것, 앞으로도 할 일이 많다는 것 등등 그가 감사해야 할 대상과 이유는 끝이 없었다. S씨의 말을 듣고 나는 '이 마음가짐이 타고난 재운을 제대로 쓰게 했구나'라는 사실을 새삼 깨달았다.

꼭 필요한 곳에 돈을 쓸 때마다 두려움이나 아까워하는 생각보다는 그 돈을 번 당신 자신과 도와준 모두에게 감사하는 마음을 가져야 한다.

당신도 오늘부터 지갑에서 돈을 꺼낼 때마다 '감사합니다'라고 되뇌어보라. 타고난 재운이 반드시 고개를 쳐들 것이다.

: 착한 사람도, 나쁜 사람도 다 부자가 될 수 있다

돈을 대하는 각자의 태도는 개인이 가진 가치관만큼이나 각양
각색이다. 착한 사람이 부자가 되기는 낙타가 바늘구멍에 들어가
기보다 어렵다, 부귀재천(富貴在天-부귀는 하늘에서 내린다) 등 지금까
지 전해지는 여러 속담들은 돈에 대한 일반적인 인식의 한 단면
을 보여주기도 한다.

그러나 착한 사람도, 나쁜 사람도 다 부자가 될 수는 있다. 가난
한 사람도, 부자도 다 행복하게 살 수 있듯이. 단지 우리가 간절하
게 원하는 것이 행복한 부자일 따름이다. 그것도 남의 거울에 비
친 허상이 아니라, 내가 스스로 인정하는 행복한 부자 말이다.

세계의 부자들을 만든 운명에 관심을 가지고 재운의 사례를 연
구하던 중 내 눈길을 사로잡은 이야기가 있다.

100여 년 전에 미국 월가를 쥐락펴락했던 헤티 그린이라는 엄
청난 부자 여성이 남긴 드라마틱한 스토리다.

당시 「포브스」 지가 선정했던 밀레니엄 부호 중에서 유일한 여
성이자 역사상 가장 많은 돈을 벌어들인 헤티 그린은 시력이 좋
지 않은 아버지에게 어려서부터 신문을 대신 읽어주며 경제 지식
을 쌓을 수 있었다.

그녀는 여덟 살에 이미 은행에 용돈 계좌를 가졌고, 열세 살부
터는 아버지의 포경회사에서 사업 감각을 익혔다. 나중에 월가에

서 주식 투자와 대부업으로 갑부가 된 그녀지만 시중에서는 엽기적인 구두쇠로 더 유명세를 타게 되었다.

헤티 그린은 전 생애가 수도자의 삶보다 더 빈한한 삶으로 얼룩졌고, 세탁비를 아끼려고 검은색 옷만 입어서 '월가의 마녀'로 불리기도 했다. 또한 병원비를 아끼기 위해 아들의 다리 치료를 하지 않아 아들이 끝내 불구가 되도록 방치했는가 하면, 돈을 많이 쓴다는 이유로 남편과 이혼까지 했던, 인간적으로는 지극히 불행한 여인이었다.

그녀는 아버지로부터 물려받은 수백만 달러를 수억 달러로 불려놓을 만큼 엄청난 부를 일구었지만 후세 사람들은 그녀를 단지 조롱의 대상으로 삼을 뿐이었다. 그나마 아들과 딸이 물려받은 유산의 상당액을 사회에 기부한 것이 다행이라면 다행이다. 물론 지하의 헤티 그린이 그런 자식을 어떻게 생각할지는 모르겠지만 말이다.

헤티 그린처럼 모든 것을 포기하고 돈을 모아야만 행복한 부자가 되는 것은 아니다. 돈을 쓰는 것이 마냥 두렵다는 것, 가난해지고 싶지 않다는 마음은 이해하나 그녀의 생활은 가장 가난한 자의 그것과 다를 게 무엇인가?

결국 가난을 겁내다가 마음도 생활도 가난해져버린 슬픈 이야기는 우리에게 무엇을 두려워하는 자에게 결국 어떤 식으로든 그것을 겪게 하고야 만다는 운명의 법칙을 가르쳐주는 교훈이다.

나의 부자상을 구체적으로 상상하라

: 부자들은 운이 좋은 사람들이다

"부자가 된 내 모습을 생각해보세요."

누군가 이런 말을 던졌을 때 순간적으로 떠오르는 당신의 모습은 어떤가? 대기업 회장일 수도 있고, 몇천 평 저택의 주인일 수도 있고, 아니면 휴양지에서 호화 여객선을 타고 선상 식사를 즐기는 모습이 떠오를 수도 있겠다. 지금 다니고 있는 회사의 사장실에 앉아 있는 자신의 모습도 근사할 것이다. 그 모습이 바로 당신이 진심으로 원하는 부의 크기라고 믿어도 된다.

그러나 호화로운 대저택에서 잘 먹고 잘사는 것을 원하지만 상상 속의 내 모습이 낯설다면 아직 부자가 될 준비가 덜 된 것이다. 즉 그런 풍요로운 현실에 나만 가위로 오려다 놓은 것처럼 어울리지 않는 풍경은 당신이 받아들일 수 있는 부가 아니다. 당신 마음 한구석에는 "내가 그런 부자가 될 수나 있겠어?"라는 부정적인 생각이 똬리를 틀고 있기 때문이다.

당신이 지금 거기에 앉아 있는 게 당연하고 또 풍요롭게 살 자격이 충분하다는 암시가 현실처럼 느껴져야만 한다. 호화로운 요트에서 오나시스처럼 매일같이 선상 파티를 열고 죽을 때까지 써도 다 못 쓸 만큼 많은 돈을 벌어들이는 내가 전혀 어색하지 않다면, 당신은 그런 부자가 될 수 있다. 인간은 무의식 속에서 자연스럽게 받아들이는 모습으로 자신의 운명을 디자인하기 때문이다.

따라서 일상생활에서 이루어지기를 원하는 꿈이나 상상은 구체적이어야 한다. 그 크기는 신경을 쓰지 않아도 된다. 꿈이 크다고 해서 실현이 안 되는 것이 아니라, 눈에 실체가 보이지 않기 때문에 잡을 수 없을 뿐이다.

내가 누구인지를 잘 아는 당신은 저절로 꿈이 실현되는 경험을 한 적이 있을 것이다. 이처럼 자신이 바라는 꿈은 이미 손안에 쥐고 있는 것처럼 실체가 뚜렷해야 한다. 그리고 그것을 누리고 즐겨야 한다.

그뿐만 아니라 어떤 결정적인 순간에는 그것이 당신에게 주어진 행운임을 직감할 줄 알아야 한다. 언제나 최선의 결과를 확신하는 당신이야말로 행운의 주인공이다.

그리고 사람이 원하는 부의 크기는 나이를 먹을수록 점점 반비례로 줄어드는데, 이 수치는 인간이 나이를 먹으면서 사회화되는 지수와 동일하다는 점이 재미있다.

즉, 나이를 먹으면서 험한 세상을 겪다 보면 많은 사람들이 꿈을 잃어버린 채 그저 하루하루를 살아가는 데 급급하다는 증거로 볼 수 있겠다.

가령 어린아이들에게 "너는 커서 돈을 얼마나 벌 거니?"라고 물으면 1,000억 원도 서슴없이 말하지만 나이를 먹을수록 원하는 부의 기준이 아주 소박해진다. 그저 밥 먹고 적당히 즐기며, 사는 데 지장이 없는 정도의 부만을 원하는 경우도 있다.

그런 사람은 딱 그 정도의 돈만 손에 쥐게 된다. 혹시 더 많은 돈이 들어오더라도 거짓말처럼 갑자기 돈 쓸 데가 생기거나 자신도 모르게 줄줄 새버리는 게 대부분이다.

: 선생님, 나는 돈을 많이 벌 겁니다

"선생님, 나는 돈을 아주 많이 벌 겁니다. 1,000억 원이 목표예요. 사람들은 내가 이런 말을 하면 정신이 이상한 놈이라고 하는데 나는 운이 좋습니다. 우리 회사 연구소의 연구원들에게도 과학자가 돈을 얼마나 잘 벌 수 있는지 보여주자고 자신 있게 말합니다. 그런데 우리 회사의 연구원들은 연구만 잘하면 되지 정도로만 생각해요."

과학자이자 CEO인 P씨는 벤처 사업을 시작한 후 손을 대는 일마다 무서운 기세로 성공을 거두었다. 그리고 이런 말을 입에 달고 살다시피 했는데, 현재 미국과 일본에 특허권과 독점권을 가지고 있는 회사 연구 성과의 로열티로 매년 많은 돈을 벌어들이고 있다.

지금 그는 자신이 꿈꾸고 상상한 대로 많은 돈을 벌어 섬도 사들였고, 제주도에 말 목장을 장만해 승마를 즐기고 있다.

회사 직원들도 그의 장담처럼 인센티브를 받아 덩달아 부자가 되었다.

카리스마가 넘치며 추진력이 대단한 P씨는 남다른 직관력까지 겸비하고 있다. 손을 대는 일마다 성공을 거두기 때문에 주위로부터는 '미다스의 손'이라 불린다. 그를 만나 이야기를 나누다 보면 그가 얼마나 밝고 자신감이 넘치는 사람인지가 피부로 느껴질 정도다.

P씨 같은 유형이 자기 자신에게 집중하는 스타일이다. 자신의 열정을 태워서 살고 있는 중이며, 많은 능력 있는 사람들이 그의 주변에 모이고 있다.

그런 현상을 두고 사람들은 그에게 재운뿐만 아니라 인복도 많다는 부러운 시선을 보낸다. 그러나 냉정하게 말하면 지금의 인복은 그가 가진 재운이 불러들이는 것에 지나지 않는다.

하지만 P씨는 다른 사람의 말에 귀를 기울이고, 다른 사람의 의견도 존중하는 자세가 필요하다.

독점으로 돈을 벌고 있는 상황에서 이런 것이 보완되어야만 그의 재운이 오래갈 수 있기 때문이다.

나의 꿈을 집요하게 추구하라

: 21세기는 호모헌드레드 시대

21세기를 호모헌드레드(Homo-Hundred) 시대라고 말한다. 누구나 100년을 살 수 있는 시대를 맞아 우리의 꿈도 그만큼 커지고 길어져야 한다는 소리이기도 하다. 내 안의 내가 진정 원하는 꿈을 가슴에 담아보자.

꿈을 크게 가진다고 어디다 돈을 더 내야 하는 것도 아니다. 꿈이 클수록 자신에 대한 믿음이 더 커지고, 또 행운을 담는 그릇도 더 커지는 것은 당연하다. 그런데 사람들은 대부분 자신이 타고난 그릇의 크기보다 더 작은 꿈을 가지고 있다.

우리가 일반적으로 꿈이라고 부르는 것들은 자기 마음속에서 스스로 싹을 틔우기도 하고, 또 외부의 자극에 대한 반응으로 생기기도 한다. 어느 쪽이든 상관이 없지만 우리가 가슴속에 품고 있는 소중한 꿈은 이룰 수 있다고 믿는 한 분명히 어느 날 기적처럼 모습을 드러낸다.

당신이 자신의 꿈을 이루기 위해 어떤 일을 선택해야 한다고 하자. 그때 그 일이 진정으로 자신이 바라는 일인지, 또 제일 잘 할 수 있는 일인지 스스로에게 묻고 또 물어야 한다. '이게 나인가?'라는 물음에 스스로 고개를 끄덕일 수 있을 때까지.

: 웃음의 마술사 짐 캐리의 1,000만 달러 수표

영화 「에이스 벤츄라」로 유명해진 다음, 다른 영화 「마스크」로 일약 스타덤에 오른 영화배우 짐 캐리는 무명 배우 시절부터 자신은 꼭 영화 한 편당 1,000만 달러를 받는 배우가 되겠다는 꿈을 가지고 있었다.

이 꿈을 잊지 않기 위해, 시중에 통용되는 것은 아니었지만, 자신이 직접 만들어 배서한 1,000만 달러짜리 수표를 자신의 지갑 속에 꼭 지니고 다녔다고 한다.

세 살 때부터 남 흉내 내는 연기에 소질이 있었던 그는 실직 상태였던 아버지 때문에 평탄하지 않은 성장기를 보내기도 했다. 그리고 열 살이 될 때까지 거울을 보며 수많은 표정 연기를 스스로 익혔다.

열 살이 되자 80여 가지 표정 연기를 담은 이력서를 방송국에 제출했으며, 열네 살부터는 캐나다 토론토에 있는 코미디클럽 무대에서 연기 경력을 쌓았다.

이후 캐나다 각지를 돌아다니며 공연을 하다가 열아홉 살에 자신의 꿈을 펼치기 위해 미국 LA로 날아갔다. 그곳에서 미국의 전설적인 코미디언 로드니 데인저필드의 눈에 띄어 세계적인 코미디언 겸 영화배우로 성공했다.

마침내 1994년이 되자 그는 영화 「마스크」에서 1,000만 달러의 개런티를 받을 수 있었다. 이어서 「케이블 가이」(1996년)에서는 2,000만 달러를 받는 등 세계적인 대형 스타로 우뚝 솟았다. 지갑 속에 넣어 다니던 1,000만 달러짜리 가짜 수표가 진짜로 바뀌는 기적 같은 일이 일어난 것이다.

우리가 흔히 말하는 꿈은 이처럼 인생을 아름답게 만드는 힘을 가지고 있다. 꿈이란 이루어서 아름답고, 이루지 못해서 추해지는 그런 것이 아니다. 우리가 간직한 꿈은 그 자체로 이미 충분히 아름답기 때문이다.

웃음의 마술사 짐 캐리의 돈벌이 얘기를 덥석 꺼낸 것도 그의 재산을 부러워하라는 뜻이 아니다. 꿈을 가진 사람이 만들어낼 수 있는 행복과 부의 크기는 우리가 상상하는 이상이라는 사실을 꼭 알려주고 싶다. 우리가 꿈 꿀 수 있는 꿈의 크기가 그러하듯이.

"나는 한 번도 패배에 대해 생각해보지 않았다. 그저 열심히 꿈을 좇았고, 그것을 오래 지속했을 뿐이다. 돈을 좇지 마라. 꿈을 추구하고, 그것을 집요하게 좇아라."

세계 최대의 유통업체인 월마트의 창업자 샘 무어 월튼은 순수한 열정으로 자신의 꿈을 오래, 그리고 집요하게 좇았다고 말했다. 그는 언제나 고객의 눈을 바라보고, 환한 웃음을 띤 얼굴로 인사를 하며 '월마트 제국'을 일구었다.

웃음은 행운을 부르는 마법이다

: 파안대소, 얼굴이 찢어질 정도로 웃어라

사람을 칸막이 속에 가두어둔 채 약을 바짝 올리면 황소를 즉사시킬 만큼의 독극물이 검출된다는 이야기가 있다. 그러나 즐겁게 웃는 사람의 세포에서는 암세포를 죽이는 호르몬이 만들어진다고도 한다.

이처럼 사람의 마음은 우리 내부에 독을 만들기도 하고, 독을 없애는 해독제 역할을 하기도 한다. 불안, 미움, 공포, 스트레스 등은 독을 만들지만 행복, 웃음, 긍정, 즐거움 등의 감정은 우리의 몸과 마음에 좋은 영향을 미친다.

특히 사람의 웃음에는 행운과 재운을 끌어들이는 마법과 같은 힘이 있으며 우리의 생체 에너지를 건강하게 만들어주기도 한다.

'웃음은 만복의 근원이다'라는 옛말이 있다. 참으로 맞는 말이다. 우리는 행운과 재운을 불러들이기 위해서라도 언제나 활짝 웃는 얼굴이어야 한다. 행운은 항상 웃는 얼굴로 우리에게 다가오기 때문이다.

파안대소(破顔大笑), 얼굴이 찢어질 정도로 웃는다는 뜻이다. 파안대소하는 얼굴을 상상하는 것만으로도 저절로 행복해진다.

우리가 평소 TV 등을 통해 만나는 연예인들은 언제나 웃는 얼굴을 하고 있다. 화가 잔뜩 난 상태거나 싸우던 중이라도 카메라를 들이대면 언제 그랬냐는 듯이 활짝 웃는 얼굴로 돌아설 줄 아는 사람들이다.

그들의 화난 뒷모습을 보려고 애써 노력하지 말자. 그들의 웃음 뒤에 숨은 불행한 그림자를 보고 "그것 봐라, 세상은 절대 불공평하지 않다니까"라며 통쾌해하지 말자. 우리도 불행하거나 화가 났을 때 바보(?)처럼 활짝 웃을 줄 알아야 하니까.

영국의 한 실업가는 사업에 대한 고민과 걱정으로 항상 찡그린 얼굴을 하고 다녔다. 남들이 부러워할 게 더 많은 사람이었는데도 얼굴에는 고민과 걱정거리가 떠나질 않았다.

걱정거리로부터 벗어나는 방법이 없을까 곰곰이 생각하다가 마침내 좋은 생각이 떠올랐다. 즉 매주 수요일을 '걱정의 날'로

정하고, 일주일 동안 있었던 걱정거리의 내용과 날짜를 적어 상자에 넣어둔 것이다.

그런데 그다음 주 수요일, 상자 속의 메모지를 살펴보다가 그는 문득 한 가지 사실을 깨닫게 되었다. 상자에 넣을 당시만 해도 큰 문젯거리였던 걱정거리가 불과 일주일 후에는 별로 큰 문제가 아니라는 사실을 발견하게 된 것이다. 이 상자를 계속 활용하면서 그의 걱정거리도 크게 줄어들었다. 그러면서 그의 입가에 잔잔한 미소가 생겨나기 시작했고, 나중에는 언제나 활짝 웃는 얼굴로 변하게 되었다.

: 웃음이 인생을 바꾼다

일본의 큰 부자이자 베스트셀러 작가인 사이토 히토리도 부자가 되고 싶다면 웃으라면서 이런 말을 했다.

"세상에서 투자 없이 돈을 벌 수 있는 방법은 웃음밖에 없다. 웃음에 투자하지 않고 고객을 끈다는 것은 세상에서 가장 어리석은 일이다. 행운은 우연이 아니라 준비된 사람에게만 우연처럼 찾아오는 선물이다."

우리가 아무리 많이 웃어도 웃는 데 돈이 한 푼도 들지 않는다는 걸 생각해보면 이렇게 남는 투자도 없는 셈이다. 나는 강의를 할 때든 상담을 할 때든 의식적으로 웃음을 통해 사람들에게 좋은 에너지를 보낸다. 덕분에 과분하게도 '행운의 미소'라는 애칭도 가지게 되었다.

"웃을 일이 있어야 웃지"라고 생각한다면 일단 한번 입꼬리를 올리며 활짝 웃어보자. 힘들고 슬픈 일이 닥치더라도 웃는 시간만은 따로 떼어두어야 한다. 그래야 불운이 빨리 도망가 버린다. 행복한 운명을 만들어가는 당신에게 불운은 어울리지 않는 손님이기 때문이다.

동양의 관상학에서도 웃는 얼굴은 재물이 새지 않는 상이다. 웃는 얼굴은 입꼬리가 올라가기 때문에 재물이 흘러내리지 않는다는 뜻이다. 반면에 화가 잔뜩 난 얼굴이나, 찡그린 표정일 때는 입꼬리가 내려가기 때문에 아무리 좋은 재운이라도 그대로 흘러내린다고 해석한다.

웃는 얼굴은 자신이 타고난 재운을 더욱 좋게 할 뿐 아니라, 한 발 더 나아가 다른 사람들의 운도 좋게 만든다. 행복한 상상을 하면서 거울 앞에 서서 밝은 얼굴로 마음껏 웃어보자. 분명히 당신의 웃는 얼굴을 보고 운이 좋은 사람들이 먼저 다가와 새로운 기회를 내밀 것이다.

자연스럽게 웃기 위해서는 눈까지 온전히 웃을 수 있도록 얼굴

근육의 긴장을 풀어야 한다. '당신에게 내가 지닌 좋은 것들을 주고 싶다'는 마음에서 우러나는 웃음이어야 함은 물론이다.

잔잔한 미소로는 행운을 부르는 힘이 약하다. 크게 웃으면 큰 행운이 찾아오고, 작게 웃으면 작은 행운이 깃든다.

심상이 관상을 만든다는 것을 꼭 기억해두자.

참고, 견디고, 인내하라!

"기회가 찾아오지 않음을 원망하는 사람은 바로 자신의 무능력을 시인하는 사람과 같다. 행운이란 진실로 그것을 원하는 사람에게 찾아오는 것이다. 절실함이 더욱 애절할수록 성공 가능성도 높다. 따라서 지금 뭔가를 절실하게 원하는 사람은 앞으로 성공할 가능성이 가장 높은 사람이다. 또한 인내만큼 성공에 필수적인 요소는 없다. 그것은 거의 모든 것, 심지어 천성까지도 극복하게 만든다."

세계 최고의 부자이자 최고의 자선사업가인 록펠러의 말이다. 그는 성공의 필수조건으로 인내를 꼽으며, 인내는 타고난 천성까지도 극복하는 힘이 있다고 했다.

정말 행운은 진실로, 또 끈질기게 그것을 원하는 사람에게만 찾아온다. 마음속에서 진실로 원해야 강력한 울림이 만들어지고, 그 울림이 자신을 움직이게 하고, 마침내 운명을 움직이게 하는 것이다.

우리는 세상살이가 내 입맛대로 돌아가지 않으면 조바심을 낼 때가 많다. 이때는 긍정적인 사고보다는 부정적인 사고에 익숙해지게 마련이다. 그래서 자기에게 행운이 오고 있다는 사실조차 깨닫지 못한 채 잘못된 선택을 하는 경우가 비일비재하다.

꿈이 이루어지기를 간절히 원한다는 것과 무엇을 얻기 위해 조바심을 낸다는 것은 의미가 다르다. 조바심을 내는 것은 행운을 간절히 기다리는 마음이 아니다. 간절히 원한다기보다는 빨리 움켜쥐겠다는 욕심을 드러낸 것에 지나지 않는다.

조바심이 생기는 이유는 자신에 대한 믿음이 부족하기 때문이다. 자신을 믿는 사람은 인내할 줄도 안다.

: 조급증이 승진운에 나쁜 영향

국내 굴지의 대기업 입사 동기인 A씨와 B씨를 보자. 그녀들은 친구였지만 회사 안에서는 강력한 라이벌이었다. 어느 날, 같은 부서에서 일하는 두 사람 가운데 A씨가 먼저 팀장이 되어버리는 사건(?)이 일어났다. 물론 두 사람이 다 팀장이 될 수는 없는 노릇이지만 B씨의 입장에서는 참으로 분통이 터지고 자존심 상하는 일이었다.

그녀들이 서로 치열한 경쟁 상대라는 것은 회사 사람들도 잘 알고 있는 터였다. 때문에 B씨는 A씨 밑에서 계속 근무한다는 게 영 견디기가 힘든 노릇이었다. 여러 사람들에게 받는 눈길 때문에 B씨는 자신에게 건네는 주위 사람들의 위로성(?) 인사마저도 곧이곧대로 받아들이기가 힘들었다.

"A씨가 먼저 팀장이 된 일은 많이 속상하겠지만 솔직히 이건 행운을 불러오는 기회입니다. 먼저 A씨를 도와주겠다는 생각을 가지세요. 그리고 더욱 즐거운 표정으로 일에 몰두하는 게 좋아요. 그릇이 큰 선생님에게 한 단계 더 도약할 기회가 주어진 거니까, 기회를 기다리면서 꾸준히 노력하면 반년 뒤에는 상황이 역전되겠네요."

입사 동기인 A씨의 팀장 발령을 누구보다 예민하게 받아들였던 B씨는 결국 5개월 후에 다른 팀의 팀장으로 발령이 났다. 동기가 먼저 팀장이 되었음에도 불구하고 열심히 A씨를 잘 보좌한 B씨의 인간성과 인내심을 회사에서 높이 평가한 결과였다. 더구나 회사 핵심 부서의 팀장으로 자리를 옮겼으니 앞으로 승승장구할 기회까지 잡은 셈이다.

지금은 대기업의 임원으로 승진한 K씨의 경우에도 개인의 능력에 비해 승진운이 따르지 않는 케이스였다. 40대 중반까지는 무난하게 선두권을 형성했는데, 이후 임원 승진에서 계속 밀리면서 크게 낙담한 상태에서 나를 찾아왔다.

K씨는 업무 실적과 대인관계 등 스스로 나무랄 데가 없는 경력을 쌓아왔다고 자부하고 있었다. 그런데 문제는 K씨의 지나친 경쟁심이 부추기는 조급증에 있었다. 그 조급증이 승진운에 좋지 않은 영향을 미치고 있었다.

"힘드시겠지만 일단 승진이라는 것을 머릿속에서 지워버리세요. 승진에만 집착하면 내년에 예정된 승진운이 피지 못할 수도 있어요. 올해는 자리보다는 일 자체를 즐긴다는 마음을 가져야 운이 잘 풀린답니다."

컨설팅을 받은 K씨는 임원 승진과 상관없이 일을 즐긴다는 자세로 회사 생활을 해나갔다. 그렇게 생각을 바꾸고 난 다음부터는 실적에 대한 조바심이 한결 가벼워졌고, 주위의 시선에도 신경이 덜 가게 되었다. K씨의 일에 대한 생각이 바뀌면서 점차 실적도 개선되었고, 자연스럽게 그 이듬해 임원으로 승진이 되었다.

: 서두르면 기다리는 시간이 길어진다

만약 두 사람이 자존심이 상한다며 사표라도 내던졌더라면 어떻게 되었을까? 아마 자신에게 다가오고 있는 행운을 붙잡을 기회를 놓치고 말았을 것이다. 이처럼 행운은 때때로 우리의 인내심을 시험하기도 하지만, 정해진 시간에 맞추어 오기 때문에 조바심을 내는 것은 금물이다. 조바심을 낼수록 기다리는 시간만 더 길어질 뿐이고, 내 안의 부정적인 에너지 때문에 행운이 비켜갈 수도 있다는 사실을 명심하자.

기다리는 자에게 복이 있다고 했다. 물론 그냥 시간을 보내며 행운만 목 빠지게 기다리라는 뜻은 아니다. 행운을 기다린다는 것은 내 안의 나를 들여다보며 스스로 행운을 받아들일 준비를 해야 한다는 말이다.

그리고 당신에게 어떤 불행한 일이 닥치거나 어려운 시기를 만났다면 그것은 과거의 방식이 만들어낸 결과인 경우가 많다. 어려움을 견뎌낸다면서 불행을 자초한 자신의 모습을 그대로 고집하는 것은 좋은 운을 부르는 자세가 아니다. 그렇다면 당신은 과거로부터 분명히 선을 그을 줄 알아야 한다. 똑같은 행동을 반복하면서 다른 결과를 기대할 수 없기 때문이다.

이때는 새로운 길을 찾아 나서는 용기를 발휘해보자. 새로 찾아 나선 길 어딘가에서 당신이 기다리던 행운과 마주칠 것이다. 열 번의 변명보다 한 번의 모험이 새로운 결과를 만들어내는 법이다.

나는 나를 믿는다

: 장화를 신고 우의를 입은 아이

미국의 어느 마을에 가뭄이 극심해서 온 땅이 다 갈라지고, 농사를 망치고 있을 때의 이야기이다. 가뭄에 시달리다 견디지 못한 마을 주민들은 급기야 교회에 모여 하나님께 비를 내려달라는 기도를 하기로 했다.

모든 마을 사람들이 땡볕이 내리쬐는 길을 걸어 교회로 가고 있었다. 그런데 한 아이가 유난히 눈에 띄었다. 아이는 장화를 신고 우의를 입은 채 땀을 뻘뻘 흘리면서 뜨거운 태양 아래를 걸어 교회로 향하고 있었다. 그것을 본 사람이 아이에게 물었다.

"애야, 이렇게 무더운 날 너는 왜 우의를 입고 장화를 신고 교회에 가는 거야?"

아이는 아무 일도 아니라는 듯이 천연덕스럽게 말했다.

"지금 비가 오게 해달라고 기도를 하러 가는 중이잖아요. 그러니까 곧 비가 올 거예요. 비를 피하려면 당연히 우의가 있어야죠."

어른들은 아이에게 할 말을 잃었고, 스스로를 믿지 못한 자신들이 부끄러웠다.

이 아이는 기도를 하면 비가 내릴 것이라는 사실을 확고하게 믿고 있었다. 하지만 마을 사람들은 비를 내려달라고 기도하기 위해 모이면서도 비가 쏟아질 것이라는 믿음을 진심으로 갖지 않았던 것이다.

이 아이처럼 티끌 없이 맑은 마음으로 기도를 하면 그 소망은 반드시 이루어진다는 것이 운명의 법칙이다.

: 믿음은 생사를 가르는 일이다

중국 선불교에 백척간두진일보(百尺竿頭進一步)라는 경구가 있다. 100척 높이의 대나무 끝에 서서 한 걸음 더 내디뎌야 깨달음의 경지에 이른다는 뜻이다. 생사가 걸려 있는 백척간두에서 한

걸음 더 나간다는 말은 곧 생사를 초월한 경지에 이른다는 뜻이다. 자신에 대한 절대적인 믿음 없이는 불가능한 일이다.

우리의 세속에서도 믿음이 생사를 가르는 일은 흔하다. 이처럼 자신에 대한 믿음은 생사를 걸 만큼 무거운 것이어야 한다.

우리가 일상에서 믿어야 할 대상은 눈앞에 보이는 것과 눈에 보이지 않는 것으로 구분된다. 눈에 보이는 것도 믿기 어려운 세상에 눈에 보이지 않는 것까지 믿으라는 게 말이나 되느냐는 반문이 있을 수 있겠다. 아니다. 나를 바로 보고 자신을 믿을 줄 아는 사람에게는 저절로 큰 믿음이 생긴다.

부자가 되고 성공을 하기 위해서는 나를 믿어야 하고, 남을 믿어야 하고, 운의 과학적인 법칙을 믿어야 한다. 믿음 없이 우리가 이룰 수 있는 일은 그리 많지 않다. 가족의 사랑, 친구의 우정, 비즈니스상의 거래, 사회의 도덕이나 법 등 모두가 믿음의 힘으로 작동하는 것이다.

공부를 잘하는 사람이 큰 부자가 되기 힘든 이유는 무엇인가? 매사에 따지기를 좋아하고, 논리적으로 접근해야 직성이 풀리는 사람들은 자신을 믿기보다 논리를 믿는 사람들이다. 그러나 세상에서 벌어지는 일의 겨우 몇 퍼센트나 논리로 설명이 가능한가? 그리고 어떤 합당한 이유나 논리보다는 자신을 믿는 힘이 성공과 부를 보장하는 법이다.

자신에 대한 믿음이 없는 사람은 기회를 놓친 후에야 그것이

기회였음을 아는 경우도 많다. 그러고는 후회를 하기 십상이다. 그러나 기회를 놓친 후에 후회를 하면 또 다른 기회마저 놓치게 된다. 내가 무엇을 원하는지도 모른 채 그저 이런저런 행운이 드나들면서 숨바꼭질만 하는 꼴이다.

따라서 사람의 운이라는 것은 자신에 대한 깨달음에서 비롯된 믿음과 직결된다. 언제나 자신에 대한 믿음이 행운과 재운을 움직이기 때문이다.

자신에 대한 강력한 믿음은 적극적이고, 긍정적이고, 미래지향적인 인간의 운명을 만들어나가는 데 든든한 힘이 된다.

"나는 나를 믿는다"는 말을 반복해보자. 이 말이 당신의 운명을 바꿀 것이다.

열정이 나를 부자로 만든다

: 가슴 뛰는 아침에

"아침에 일어날 때면 너무나 흥분되어 아침 식사조차 할 수가 없었다."

스티븐 스필버그 감독이 했다는 말이다.

그는 무명이었던 젊은 시절에 아무도 불러주지 않았지만 스스로 영화 세트장을 제집 드나들듯 드나들었다. 이곳저곳 기웃거리며 정신없이 영화에 몰입하다가 하루해가 져서 작업을 멈춰야 하는 것을 너무나 아쉬워했다. 심지어는 일이 너무 하고 싶어서 해가 지지 않았으면 하는 바람을 가질 정도였다.

그는 아침에 일어나서 오늘 할 일을 상상하면 가슴이 뛰었다. 늘 설레는 마음으로 아침을 맞이한 스필버그 감독은 만드는 영화마다 대박 행진을 이어갔고, 마침내 세계 최고의 감독이 되었다.

스필버그 감독의 가슴에 불을 지핀 것은 영화에 대한 뜨거운 열정이었을 것이다. 그 열정이 미국 관객은 물론이고 세계의 영화팬들을 감동시키는 원천이 되었다.

이처럼 우리가 간절하게 원하는 꿈이 이루어지려면 뜨거운 열정이 있어야 한다.

: 아흔 살 소년(?)의 삶에 대한 열정

부에나비스타 소셜클럽의 멤버로 작곡가이자 기타리스트인 콤파이 세군도. 그는 아흔 살의 나이에 미국의 음반 기획자 라이 쿠더를 만나 세계무대에 화려하게 등장했다.

다섯 명의 전설적인 옛 멤버들과 함께 녹음한 첫 음반은 무려 600만 장이나 팔리며 전 세계적으로 쿠바음악의 열풍을 불러일으키기도 했다.

그리고 자신이 출연한 다큐멘터리 영화에서는 "아들을 하나 더 낳았으면 좋겠다"는 말을 해 모두를 깜짝 놀라게 하기도 했다. 자신의 삶을 이렇게 낙관할 수 있는가? 해맑은 아흔 살 소년(?)의 자신에 대한 믿음과 낙관은 이처럼 끝이 없다.

쿠바의 하바나에서 1950~60년대에 이름을 떨치다가 쿠바혁명 이후 전통음악의 퇴장과 함께 무대 뒤로 사라진 그를 40여 년 만에 다시 무대 위로 불러올린 힘은 무엇이었을까? 세군도는 무대에서 제대로 연주도 못한 채 40년의 세월을 보냈지만 여전히 녹슬지 않은 연주 실력으로 우리를 감탄하게 만들었다.

삶과 음악에 대한 순수한 열정이 그를 40여 년 만에 다시 무대로 불러낸 원동력이리라. 그가 말년에 이룬 눈부신 성취도 이 같은 끊임없는 열정이 가져다준 선물일 것이다.

그뿐인가. 일본의 전설적인 화가 가쓰시카 호쿠사이는 아흔 살에 세상을 떠나면서도 "하늘이 내게 10년만 더 허락한다면 더 훌륭한 도공이 될 텐데"라고 탄식했다고 한다. 아흔 살에 숨을 거두면서도 그림에 대한 열정을 숨기지 않았던 것이다.

두 사람은 아흔 살의 나이에 삶에 대한 열정을 이야기했다. 한 사람은 화려하게 꽃피운 인생에 대해 얘기했고, 한 사람은 아직 못다 이룬 자신의 꿈을 아쉬워했다.

자신의 삶과 꿈을 향한 열정이야말로 행운을 부르는 가장 강력한 힘이다. 열정이라는 에너지가 우주의 모든 에너지와 소통하면서 행운을 불러들이기 때문이다.

삶에 대한 열정과 꿈을 가진 당신은 매일 설레는 아침을 맞이

할 것이다. 설레는 마음으로 하루를 시작하는 당신은 언제나 행복할 수밖에 없다. 그런 행복한 마음이 행운을 부르고, 당신의 가슴은 더욱 뜨거운 열정으로 가득하게 될 것이다.

열정은 행운을 부르는 힘이다!

생활 속에서 재운 키우기

1. 현금, 자동차 등 각종 동산(動産)이나 집, 사무실의 가구와 관련된 행운

1) 소파는 현관을 등지고 배치한다.

2) 식탁은 벽에 붙이지 않는다.

3) 방문을 열면 곧바로 책상이 보여야 한다.

4) 침대 머리 부분엔 불필요한 물건이 없어야 한다.

5) 지나치게 큰 소파는 하는 일을 꼬이게 만든다.

2. 주방이나 식당 등 부동산과 관련된 행운

1) 스테인리스 그릇이나 냄비를 반짝반짝하게 닦아둔다.

2) 지갑이나 현금은 잠시라도 가스레인지나 싱크대 주변에 두지 말 것.

3) 냉장고가 어수선하면 돈을 잃게 된다. 냉장고에 자석이나 메모지가 너무 많이 붙어 있어도 좋지 않다.

4) 냉장고 바로 옆에 전자레인지를 두지 말 것. 물과 불의 직접적 반발을 일으키는 배치는 재운에 좋지 않다.

5) 밥그릇, 국그릇은 고급스러운 흰색 또는 크림색을 사용한다(무늬가 없는 것이 좋다).

6) 수저 두는 곳과 칼을 두는 곳은 반드시 분리한다. 돈을 모으는 기운을 칼이 잘라버리기 때문이다.

3. 욕실이나 화장실 등 유산, 부채와 연관된 행운

1) 변기는 가급적 출입문에서 가장 멀리 떨어져 있는 게 좋다.

2) 욕실을 너무 고급스럽게 꾸미지 말 것. 또한 특이한 개성을 표현한다고 흑백의 대조를 너무 강하게 한다거나, 특정한 원색과 어두운 색깔은 피하는 게 좋다.

3) 침실용 화장실은 방위의 길흉 구분을 떠나 해롭다. 침실용 화장실 문은 항상 닫아두고, 문 옆에 난을 놓거나 문 정면에 붉은 계열의 꽃 그림을 놓아 나쁜 기운을 차단해주자.

4) 집 구조상 화장실 문과 침대는 일직선상에 있으면 안 된다.

5) 욕실 기구는 녹색이나 하늘색의 것이 좋다. 남쪽이나 서쪽 창에 녹색 커튼을 하고, 동쪽에 화분을 두면 흉한 기운을 줄일 수 있다.

6) 화장실의 조명은 어느 곳보다도 밝게 하는 것이 좋다.

7) 절대 욕조에 물을 채워놓은 채 장시간 두지 않아야 한다.

4. 현관은 운이 들어오고 나가는 문이다

1) 현관에서 대각선 방향으로 안쪽 모서리 지점은 운에 중요한 지점이니 깨끗하게 관리한다.

2) 구둣주걱, 우산, 쓰레기통을 내놓지 않는다.

3) 현관과 정면으로 마주 보는 큰 거울은 들어오는 행운을 돌려보낼 수 있다. 거울을 걸고 싶다면 입구 왼쪽에 걸 것. 단, 거울 모양은 팔각형이 좋다.
4) 현관 바닥이 지저분하면 재운이 좋지 않다. 가능한 한 매일 물걸레질을 하고 신발은 가지런하게 정리한다.
5) 지나치게 화려한 매트는 잦은 이사나 전근에 영향을 준다.

행운의 법칙을 알고 나면
성공과 부는 당신의 것이다

: '국운이란 무엇인가?'라는 의문을 품다

2001년 미국에서 9 · 11 사태가 일어나 3,000명에 가까운 사람이 일시에 죽었을 때 나는 경악했을 뿐만 아니라 강한 의문을 느꼈다. 왜 그날 죽을 운명이 아닌 사람들이 그날 그 장소에 있었다는 이유로 아무 잘못도 없이 죽을 수 있는가? 그동안 내가 공부한 개인의 운명은 무엇인가? 의문에 의문이 꼬리를 물었다.

나는 며칠 동안 명상에 잠겼다. 오랜 명상 끝에 내린 결론은 국운이었다. 나라의 운이 개개인의 삶에 직접적인 영향을 미친다는 사실을 새삼 깨달았다.

'아, 국운이구나. 국운이 개인의 운에 영향을 미치는구나. 그럼 국가란 무엇인가? 대체 무슨 연유로 개인의 삶을 지배하고 영향을 미치는가? 국운을 모르고 개인의 운명을 얘기한다는 게 장님 코끼리 다리 만지기와 마찬가지가 아닌가?'

생각이 여기에 미치자 마치 절벽 앞에 선 듯 막막한 기분이었다. 동네 야산을 오르내리다가 히말라야의 거대한 산봉우리를 마주한 느낌이랄까. 풀기 어려운 숙제라고 할 수 있는 인간 개개인의 운명에 대해 그동안 공부를 했지만 나라의 운명이라는 개념은 차원이 다른 영역이었기 때문이다.

명리학의 국운이나 서양 점성술의 국운을 보는 먼데인 등을 자세히 살펴보았지만 개인의 운명과 달리 해석도 분분했고, 일관된 결과로 나오는 부분도 적어 만족스럽지 못했다. 그래서 나는 먼저 국가란 무엇이고, 또 어떻게 형성되었는지에 대한 공부가 내게 절실히 필요하다고 생각했다.

과연 국가란 개념이 무엇이고, 개인과 국가는 어떤 관계에 있는가? 한 국가의 운명이 왜 개인의 운명에 우선하는 것일까? 나는 국운을 공부하기 위해 서울대학교 행정대학원에 시험을 보고 석사과정에 들어갔다.

내가 선배들과 이너서클 펀더멘탈을 시작할 때처럼 나의 운도 변하던 시기였다. 그 시기의 도전과 노력들은 그간의 운명에 대한 공부들을 집대성할 수 있는 계기를 마련해주었다.

지금 내가 감사한 마음을 가지고 걷고 있는 이 길은 끝이 없는 길이다. 따라서 내가 공부해야 할 것도 많고, 당신에게 알려주고 싶은 비밀도 더 많아질 것이다. 그래서 지금 나는 행복하다.

누군가의 운을 풀어볼 때마다 나는 매번 모든 사람의 삶 속에 깃들어 있는 행운과 때로 일어나는 기적들에 대해 깊은 경외심과 감사를 느끼고는 한다. 우리의 운이 너무도 정교하게 짜인 과학이라는 생각이 들기 때문이다.

또 지금까지 관찰한 바에 의하면, 이번 생에 내가 한 생각과 말과 행동은 모두 이번 생에 그 결착이 지어진다는 게 나의 생각이다.

흔히 생각하는 인과응보라는 개념과는 조금 다르다. 착하다고 해서 좋은 운만 쑥쑥 올라가거나, 악하다고 해서 운이 마구 찌그러들지는 않는다. 이른바 '착한' 사람이라고 해도 스스로를 자책하며 괴롭힌다면 불운을 불러들일 수밖에 없는 것이 운명의 원리인 것이다. 우리의 마음이 인도하는 대로 운이 흐르기 때문이다.

: 흙을 뚫고 올라오는 수박씨의 힘

미국의 정치가인 윌리엄 제닝스 브라이언은 수박씨의 힘을 이렇게 말한다.

나는 수박씨의 힘을 관찰해본 적이 있다. 수박씨는 흙을 밀어젖히고 나오는 힘이 있다. 자기보다 20만 배나 더 무거운 것을 뚫고 나오는 것이다. 수박씨가 어떻게 이런 힘을 낼 수 있는지는 알 길이 없다. 다만 수박씨는 전혀 모방할 수 없는 색을 껍질 바깥으로 우러나오게 하고, 그 안쪽에 하얀 껍질, 그 안쪽에 다시 검은 씨가 촘촘히 박힌 붉은 속을 만들어낼 수 있는데 어떻게 그런 일이 가능한지 나는 알 수 없다. 그 하나하나의 씨는 또다시 차례차례 자기 무게의 20만 배를 뚫고 나올 것이다.

수박씨의 숨은 힘은 자기보다 20만 배나 더 무거운 것을 뚫고 나올 수 있으며, 누구도 모방할 수 없는 나만의 것을 완벽하게 창조해낸다.

실로 놀라운 힘이다. 당신에게 숨어 있는 힘도 마찬가지로 강하다. 아니, 당신의 힘은 수박씨보다 더 강할 것이 틀림없다. 인간에게는 누구나 혼자 힘으로 북미 대륙을 일주일 동안 환하게 밝힐 수 있는 잠재력이 있다는 주장도 있지 않은가.

하나의 씨앗이 열매를 맺기까지 수많은 요인들이 필요하듯, 우리 삶의 결과 역시 하나의 원인으로만 설명될 수 있는 성질의 것은 아니다. 중요한 것은 그 작은 수박씨 하나에 들어 있는 힘처럼, 당신 역시 보이지는 않지만 무한한 힘을 가지고 있다는 사실이다.

: 수박씨는 호박을 만들지 않는다

이처럼 세상의 모든 씨앗 안에는 생명을 만들어내기 위한 한 치의 오차도 없는 힘이 들어 있다. 인간도 마찬가지로 씨앗의 힘과 자유의지라는 선택의 능력을 소유한 생명체이다. 수박씨의 신비를 훨씬 뛰어넘는 무한의 에너지가 우리의 삶 속에 존재하고 있는 것이다.

수박씨는 결코 호박이나 사과를 만들어내는 실수를 저지르지 않는다. 수박씨를 수박으로 만드는 경이적인 우주의 시스템 안에 당신 역시 포함되어 있음을 잊지 않기 바란다. 그것에 의문을 품거나 밝혀내려고 하지 말고 다만 신뢰하자. 우주의 모든 것은 한 치의 오차도 없이 질서를 이루고 있기 때문이다.

당신 안에 존재하는 힘은 스스로 꿈꾸었던 것보다도 훨씬 더 눈부신 내일을 창조해낼 수 있는 무한한 가능성이기도 하다. 운명에 대해 피해의식을 갖지 말고 당신의 인생에 녹아 있는 행운들을 철저히 믿어보자. 지금 이 순간이 기적이며, 당신의 주위에 있는 모든 것이 기적이다.

결국 운명이 요구하는 것은 당신 자신의 힘에 대한 전적인 믿음이다. 만약 이 책에 나오는 기술들을 사용하여 당신의 행운과 재운을 활용한다면 지금까지 경험하지 못했던 흥분을 느끼게 될 것이다.

자신에 대해 더 많은 것을 알게 된 당신은 이제 스스로가 자랑스럽다. 나를 사랑하게 되었고, 나를 믿게 되었고, 내가 행복하다는 사실을 알았기 때문이다. 한결 마음이 편해진 당신은 자연스럽게 기회가 나타날 때 그 가능성을 누구보다 빨리 알아볼 수 있을 것이다. 부자가 되기 위한 당신의 선택이 흐르는 운의 물줄기를 바꾸고 있다는 사실을 굳게 믿어야 한다.

: 당신에게 이미 변화가 일어나고 있다

S은행이 실시한 설문조사에 따르면 현재 한국에서 부자의 기준은 30억 원이다. 내가 지금까지 살펴본 3만 5,000여 명은, 물론 각각 그릇의 크기가 다르지만 자신의 운을 제대로 사용했을 때 30억 원을 가지지 못할 사람은 단 한 명도 없었다.

더구나 평생 가난하게 살아야 할 운명을 타고난 사람은 아무도 없다. 평균수명을 전제로 할 때 각자 조금 늦고 빠른 시기의 차이는 있지만, 부자가 되도록 당신의 운이 계속 움직이고 있다는 사실을 기억하는 것이 중요하다.

당신은 운에 대해 잘 이해하지 못한 채 잘못된 방향의 노력으로 스스로를 고갈시키느라 행운이 가까이 오지 못하게 하지는 않는가? 아무도 스스로 불행해지기를 원하지 않기 때문에 자신이 만들어내는 운명과 삶의 흐름은 결국 당신의 행복에 도움이 될 수밖에 없다고 생각하라.

우리는 삶 속에서 매 순간 삶의 강물 속으로 들어가서 떠 있어야 할지, 아니면 강물을 거슬러 헤엄쳐가야 할지에 대해서 하나의 선택을 하며 살아간다. 즉, 우리는 반드시 내 안의 일곱 가지 모습 가운데 하나를 골라서 살게 된다.

그 과정에서 이 책이 당신에게 말하고 있는 진실은 운명이라는 강물 위에 당신이 떠 있을 수 있으며, 그때 행운이 당신을 도와준다는 사실이다. 그리고 당신이 소원하는 부유함을 누리도록 행운의 흐름 속으로 당신을 데려다줄 것이다.

우리 주변의 모든 일들은 일어나야 하는 그대로 완벽하게 일어나고 있다. 부자가 되는 행운은 지금 당신에게 밤하늘의 별처럼 멀게 느껴질지도 모른다. 그러나 사막을 건너는 순례자나 바다를 항해하는 항해사처럼 이 책을 안내자로 삼고 그것을 따른다면, 당신이 타고난 행운과 재운의 최소치가 아닌 최대치를 끌어들이고 또 누릴 수 있을 것임을 약속한다.

세상에 우연이라는 것은 존재하지 않는다. 고객들이 나와 만나게 되는 시기는 대부분 선택을 앞둔 이동과 변화의 시기다. 마찬가지로, 당신이 이 책을 만났다는 것은 당신에게 변화가 일어나는 시기임을 뜻한다. 그리고 당신이 변화를 원하고 있다는 소리다. 그 변화는 당신의 재산에만 한정된 변화일 수도 있고, 그 이상의 것일 수도 있다.

하지만 어떤 경우라도 현재는 당신이 과거에 치러낸 정신적 성장에 대한 선물이라는 사실을 겸허하게 받아들여야 한다.

당신이 이 책을 읽고 마음의 변화를 느낀다면 이제부터 당신의 경제적 기반은 더욱 단단해질 것이며, 성공과 행운이 당신의 것으로 자리 잡을 것이다. 왜냐하면 당신 자신이 내면에서 만들어낸 것의 결과물이기 때문이다.

헤르만 헤세가 『데미안』에서 한 말을 기억하자.

"당신이 등지지 않는 한, 운명은 언젠가는 당신이 꿈꾸고 있는 대로, 고스란히 당신의 것이 될 것이다."

운이란 무엇인가?

Happy-Go-Lucky

희망의 꽃등은 내 안에 있다

01 온갖 나쁜 짓을 저지르고도 잘사는 사람이 있는 반면, 참 착한 데도 늘 손해만 보는 사람도 있잖아요, 이것도 운 때문인가요?

우선 두 가지를 생각해야 합니다.

첫째는 '나는 내 자신에게 착한 사람인가?' 하는 것입니다. 다른 사람에게 착하다는 평을 듣는 사람 중에는 스스로를 억압하거나 짓누르고 사는 사람이 많습니다. 다른 사람의 평이 중요한 게 아니지요. 인생에서 가장 중요한 사람, 즉 행운을 부르는 주체는 나 자신입니다. 당신은 스스로에게 좋은 사람인가 생각해보십시오.

다음으로는 '내가 착한 일을 하는 동기가 무엇인가?' 하는 것입니다. 죄책감이나 두려움, 타인의 시선을 신경 써서 하게 되는 착한 일은 행운을 부르는 효과가 약합니다. 나에게 기쁨을 주기 위해서, 더 행복해지기 위해서 하는 착한 일들이야말로 행운의 근원이 되지요.

02 | 부모와 자식의 운은 서로 연결되어 있나요?

물론입니다. 누구나 결혼하기 전에는 부모운의 반을 받게 됩니다. 같은 날 같은 시에 같은 병원에서 태어나더라도 운명이 다르게 펼쳐지게 되는 중요한 이유 중의 하나이지요. 부모님께 감사해야 하는 이유가 여기에도 있답니다.

법적으로도 호적이나 재산 등 여러 가지로 연결되어 있다는 사실을 생각해보세요. 그래서 저는 상담할 때 반드시 부모님의 생시를 함께 받고 있습니다. 서로 긴밀하게 연결되어 있답니다.

03 | 사람들이 미래를 알고 싶어 하는 것은 불안하기 때문이잖아요, 하지만 미래를 알고 나면 더 불안하지 않나요?

'대충' 알거나 '잘못' 알고 있는 것은 오히려 불안하게 만들죠. 듣지 않은 것만도 못하게 될 수도 있거든요.

하지만 언제부터 그리고 어떤 일이 좋은 운을 불러올지를 '제대로' 안다면 우리는 오히려 안정감을 가지고 준비할 수 있으며, 결과적으로 우리의 행복을 최대치로 끌어올릴 수 있습니다.

마찬가지로 운이 나쁠 때도 곧 지나가리라는 것을 알고 나면 보다 편안히 지낼 수 있으며, 손실을 최소화할 전략을 미리 세울 수 있죠. 우리 몸이 아플 때 암으로 발전하느냐 양성종양으로 그치느냐의 원리입니다.

04 | 돈을 사랑한다는 게 정확히 무엇을 의미하나요?

'돈'이란 내 안에 들어 있는 풍요로움의 상징이자 에너지입니다. 때문에 돈을 사랑한다는 것은 내 안에 풍요로움을 낳는 근원이 있음을 스스로 인정하고, 또 그런 사실에 언제나 진심으로 감사하는 것이죠.

05 | 주가는 최저 기록을 경신하고 펀드는 반 토막 나는 요즘, 효과적인 재테크는 뭐가 있을까요?

이 책을 읽은 사람은 모든 사람에게 다 통하는 재테크라는 것은 존재하지 않는다는 사실을 알았을 겁니다. 사람들은 자신의 마음 안에 각각 일곱 가지 모습을 가지고 있기에 재물을 불리는 방법도 크게는 일곱 가지로 나뉘게 됩니다. '내 안의 나' 가운데 가장 강한 것, 자신이 가장 잘하는 것에 집중하면 자연스럽게 재운이 트이고 행복한 삶을 살 수 있습니다.

06 | 뉴스를 보면서 이런 생각을 한 적이 있어요. '저렇게 매일 한 시간씩 불행하고 암울한 소식만 말하다 보면 힘들지 않을까?' 긍정적인 마음과 말이 좋은 건 누구나 알지만 일의 특성상 그럴 수 없는 경우도 있잖아요. 그런 사람들은 자기가 일하면서 내뱉은 부정적인 말의 효과를 어떻게 벗어날 수 있나요?

'불행하다'는 의미와 '슬프다'는 의미는 전혀 다르답니다. 이 두 단어가 왜, 어떻게 다른지를 우선 이해해봅시다.

사고와 관련되어 우리가 접하는 소식들은 불행한 것이 아니라 슬픈 내용들입니다. 또한 슬픔을 느끼는 인간다운 감정은 당신의 행운을 위해서도 반드시 필요한 요소입니다.

더불어 어둠이 있기에 빛이 존재할 수 있음을 이해한다면, '암울함'을 두려워하기보다는 희망의 등불을 찾으려는 노력이 중요하다고 할 수 있겠죠.

한 마디의 좋은 말이 열 마디의 어두운 말을 이겨낼 수 있음을 믿어야 합니다. 결국 사랑과 행복이 모든 것을 이겨내게 하는 힘이니까요.

07 | 부자는 하늘이 내린다고 하는데, 그렇다면 부자가 되려는 노력은 무의미하잖아요?

이런 비유 속에는 '부자가 되는 사람은 역시 타고난다'라고 생각하는 경향이 강하게 느껴집니다. 하지만 이 책에서 밝혔듯이 재벌까지는 아니더라도 누구나 자신이 타고난 운으로 일반적인 기준의 '부자'가 될 수는 있답니다. 누구든지 행복하게 살 수 있도록 태어났지, 불행하게 살도록 태어난 사람은 없듯이 말입니다.

다만 99퍼센트의 노력이 1퍼센트의 재능과 잘 맞았을 때 비로소 제 효과를 내듯이(에디슨이 수영을 잘하려고 노력했다면 어땠을까요?), 부자가 되려는 노력 역시 나에게 맞을 때라야만 최고의 부를 불러옵니다.

08 | 여자 팔자는 뒤웅박 팔자라고 합니다. 그래서 여자는 남자를 잘 만나야 인생이 펴진다고 하는데, 결혼을 하면 여자의 운이 완전

히 뒤바뀌나요? 남자는요?

여자든 남자든 결혼하고 나면 서로 자신의 운 중에서 반을 나누어 가지게 되는 것이나 마찬가지라서 서로에게 인생 전반에 걸쳐 영향을 미친다고 봐야 합니다.

09 | 항상 환하게 웃는 얼굴이 보기가 좋아요. 밝게 웃을 수 있는 비결을 좀 알려주세요.

저의 밝은 웃음과 목소리는 사람들에게 좋은 에너지를 드리는 여러 가지 방법 중의 하나랍니다. 내가 행복하면 다른 사람도 저절로 행복해지는 원리이지요. 웃음은 행운을 불러들이는 힘이 있어요.

얼굴의 근육이 뭉치지 않도록 평소에 많이 웃으면 자신의 관상이 자연스럽게 좋아지는 효과도 가져다줍니다. 특히 입꼬리를 확실하게 올리시되 미간은 펴지도록 해서 활짝 웃어보세요. 얼굴에 빛이 나고 운이 좋아진답니다.

10 | 명상은 운에 어떤 영향을 미치나요?

저는 아침에 일어나면 한 시간 반 정도 명상을 합니다. 명상은 내 감정을 투명하게 만들고, 내 안의 나를 알아가는 과정이지요. 명상은 무의식과 접촉할 수 있는 최고의 수단 가운데 하나라는 게 제 결론입니다.

그리고 명상을 할 때 내가 아는 모든 사람을 위한 기도도 빼놓지 않아요.

11 | 요즘 결혼 안 하고 '솔로'로 사는 사람이 늘고 있어요. '결혼 못 할 팔자'도 있나요?

종교인처럼 특별한 사유를 제외하고 '결혼을 못 할 팔자'란 없습니다. 스스로 결혼을 간절히 원하지 않을 뿐이죠. 경우에 따라선 바로 옆에 적당한 결혼 상대가 있는데도 '내 안의 나' 가운데 하나가 그 사람을 부정적으로 보는 경우가 있습니다.

그 이유는 내가 바라보는 상대방이 중요한 게 아니라, 대부분 타인의 생각이나 시선에 더 많이 신경을 쓰기 때문입니다. 다른 사람의 눈이 아닌 나의 마음에 대한 믿음이 더 중요하겠지요.

12 | 돈에 집착하는 사람과 마음 편하게 생각하는 사람 가운데 누가 재운이 더 좋아지나요?

돈과의 관계에서 유난히 돈에 집착하는 사람도 있고, 아니면 돈이 들어오자마자 다 써버리는 사람도 있지요. 그래서 돈에 대한 태도와 생각은 사람마다 차이가 있습니다.

또 어떤 사람은 집착해서 돈을 벌고, 어떤 사람은 매우 편안하게 돈을 법니다. 재운이라는 것도 성격이나 성향에 따라 아주 달라지는데, 마음이 편안해야 돈이 잘 벌리는 사람이 갑자기 돈에 집착할 때는 문제가 생기게 됩니다.

13 | 운명학에 대한 공부는 어떻게 하나요?

동서양의 운명학에 대한 깊이 있는 공부뿐만 아니라 경영학, 심리학, 뇌과학 등 최신의 이론들을 배우는 데도 많은 시간과 노력을 기울이지요. 그리고 세계의 전반적인 흐름도 놓치지 않기 위해 국제 정세를 비롯해 금융계, 의학계 등에 대한 최신 정보를 얻거나 관련 내용을 공부하는 데도 몰두하고 있습니다.

14 | 이름과 운도 상관관계가 있나요? 자신의 운을 좋게 하기 위해서 이름을 바꾸는 사람이 있는데(연예인 등), 어떤 영향을 미치나요?

상관관계가 있다고 생각합니다. "난 아무래도 이름 때문에 운이 없나 봐"라고 생각한다면, 이름에 대해 피해의식을 가지고 있는 '나'가 존재한다는 뜻이니까요. 이름을 바꾼다면 그런 '나'를 달래줄 수 있겠지요. 하지만, 그런 경우에도 운을 바꾼 주체인 '나'는 그대로 남는 것이죠.

15 | 개인의 운이 있고 한 나라의 국운이 있다고 하는데, 제 생각에는 아무래도 국운이 개인에게 많은 영향을 줄 것 같아요. 그렇다면 우리 나라에서 되는 일이 없던 사람이 다른 나라로 이민 가서는 잘살 수도 있나요?

네. 가능한 이야기입니다. 그 나라의 국민성과 문화, 경제 성향 등이 자신과 잘 맞을 경우 다른 나라에서 더 큰 성공을 거둘 수도 있지요. 저에게 상담을 받고 나서 해외 유학을 떠난 사람도 많고, 해외에서 벌인 사업 확장 등이 잘된 경우도 있습니다. 이런 경우에는 물론 자신의 운이 어떤 나라와 서로 맞고 좋은지 명확히 제시되어야 하겠지요.

16 유사 이래 인류는 자신이나 어떤 집단의 앞날을 내다보기 위해 여러 가지 시도를 해왔습니다. 지금은 종교 등의 이유를 내세워 미신이라고 도외시하는 경우가 있는데요?

이 부분은 자칫 논란을 부를 수도 있기에 적당한 비유로 답해드리겠습니다.

저는 자장면을 못 먹습니다. 많은 친구들은 자장면을 못 먹는 저를 불쌍하게 생각하지요. 최고로 맛있는 음식 하나를 놓치고 있다구요. 하지만 그건 제 자유랍니다.

17 유유상종이라고 예술가나 어느 분야에서 큰 업적을 이룬 사람들을 보면 신기하게도 우연히 좋은 사람들이 주변에 많거나, 우연히 만나거나 하는 것 같습니다. 운이 좋은 사람, 운의 파장이 맞는 사람끼리 모이게 되는 것인가요?

그렇습니다. 좋은 질문인데요, 운을 망치는 세 가지 중의 하나가 질투라고 했습니다. 운이 좋아질 때 가만히 보면 내 주위에 먼저 운이 좋아지는 사람들이 나타나는 경우가 상당히 많습니다. 이때 질투를 하지 않는 게 아주 중요합니다.

예를 들어서 시누이가 산 부동산의 가격이 오르고, 친구가 투자한 해외 채권이 짭짤한 수익을 올렸다면 배 아파 할 게 아니라 가슴이 두근거려야 마땅한 때랍니다. 이제 곧 나도 돈을 벌게 된다는 증거거든요!

그런데 무작정 질투하거나 미워하면 좋은 운을 볼 수 있는 눈이 흐려지겠지요. 그러면 오는 운을 스스로 쫓는 격이 된답니다. 그래서 운이 좋아지는 사람끼리 모이게 된다는 이야기는 맞지요.

18 │ **100번 선을 봐도 결혼을 하지 못하는 사람이 있습니다. 운명학에서 말하는 이성운이나 결혼운은 사람마다 좋은 시기가 정해진 건가요?**

좋은 운의 시기가 정해졌느냐 아니냐보다 먼저 생각해야 할 문제는 '시기를 바꾸는 게 나에게 이로운가'입니다. 운은 변하고 움직이는 것이라고 했습니다.

따라서 어떤 일이건 좋은 운에 시기가 따로 정해져 있는 게 아니라, 나에게 어떤 시기와 조건이 가장 이로운가가 판단과 선택의 절대 기준이 되어야 합니다. 운이라는 것은 내가 얻을 수 있는 가장 좋은 시기에 맞춰 움직이게 되어 있으니까요.

19 │ **우리가 살아가는 동안 나의 진정한 모습을 찾는다는 것은 어떤 의미로 받아들여야 하나요?**

이 책에서 얘기했듯이 인간의 삶이란 타고난 재능과 자유의지가 조화를 이루어나가는 과정입니다. 살아가는 동안 내 마음속에 있는 일곱 가지 나를 만나고 사랑하며 하나(진정한 나)로 통합해나가는 먼 여행길이라고나 할까요.

그리고 내가 누군가에게 어떻게 보인다면, 그것은 나의 어떤 모습을 그 상대방한테서 발견하는 것이거든요. 그러니 모든 것은 내 마음에 있는 내가 쌓은 결과일 따름입니다.

20 | 운을 좋게 하는 방법에 대한 정보는 다양합니다. 그렇다면 '이것만은 절대로 하면 안 된다'는 행동이나 말도 있는지요?

좋은 운을 망치는 세 가지는 이 책에서 설명했습니다. 우선 '내가 잘못한 일이니까 벌을 받아 마땅하다'와 같은 죄책감이 없어야 합니다. '네가 나에게 어떻게 이럴 수가 있어?'와 같은 피해의식도 삼가야 합니다. 그리고 마지막으로는 후회입니다. '내가 그때 그러지 말걸'처럼 후회하는 말은 금기입니다.

21 | 성형수술이 대세입니다. 절대로 건드려서는 안 되는 부위라도 있는지요?

개인차가 심하지만 일단 공통적으로 '절대로' 안 되는 부위는 없다고 생각합니다.

예를 들어서 얼굴에 기미가 많은 분께는 없애라는 조언을 합니다. 기미가 몸의 병이 원인이라면 치료부터 서둘러야 합니다.

물론 관상은 개인적인 노력을 통해서도 얼마든지 좋아집니다. 늘 환하게 웃으면 얼굴의 관상이 짧게는 3일 이상, 길게는 3년 이하 사이에 변합니다. 이것을 변상이라고 하는데 학자 집안이 3대째가 되면 손자는 학자가 아님에도 학자풍으로 생긴다거나 그런 부분도 있답니다.

22 | 자신이 태어난 해의 띠도 운에 영향을 미치는지요?

물론입니다만 띠만으로 운을 판별하는 것은 어리석고 위험한 행위입니다.

23 | 사람을 만날 때 가장 먼저 봐야 할 중요한 점은 무엇인가요?

이성계가 어느 날 무학 대사에게 물었습니다. "이봐 대사, 나는 당신 얼굴이 꼭 돼지같이 보이는데, 당신은 내가 어떻게 보이는 것이오?" 그러자 무학 대사가 "대왕의 용안은 꼭 부처님 같습니다"라고 대답을 했어요. 그러자 이성계가 다시 물었습니다. "나는 대사를 돼지 같다고 했는데, 왜 대사는 나에게 부처님 같다고 하오?" 그러자 무학대사는 이성계에게 이런 말을 남겼답니다.

"돼지 눈에는 돼지만 보이고, 부처 눈에는 부처만 보이는 법이올시다."

그 사람이 아름다운 사람으로 느껴졌다면 내 마음의 아름다움을 보는 것이요, 그 사람이 추하게 느껴졌다면 똑같이 내 안의 추함을 보는 것에 불과하답니다. 그 사람은 다만 거울이 되어줄 뿐, 비치는 것은 언제나 자신이라는 것을 명심해야 합니다.

24 | **좋은 건 안 맞아도 나쁜 것은 꼭 맞는다고 합니다. 나쁜 운은 피할 수 없는지요?**

일단 '좋은 건 안 맞아도 나쁜 건 꼭 맞는다'는 생각은 버리세요. 나에게 좋은 게 과연 올까 하는 자신감의 부족이 원인입니다. 나를 믿지 못하는 강한 의심은 나쁜 운을 부르니까요. 만약 안 좋은 시기가 닥치더라도 나를 믿고 언제나 긍정적인 마음가짐만 유지하면 오히려 좋은 시기가 왔을 때 더 큰 행운을 불러들일 수 있습니다.

25 | **돈에 대한 집착을 버리라고 하잖아요. 그런데 돈을 좋아해야 돈을 버는 거 아닌가요?**

옳은 말씀입니다. 다만 애착은 좋은데 집착하면 오히려 돈을 쫓는 결과가 될 수도 있겠지요. 집착이라는 말에는 뭔가 지나치다는 부정적인 이미지가 있거든요. 적당한 관심과 스토킹의 차이라고 보시면 됩니다.

26 | **운이 좋지 않아도 자신의 노력으로 운을 상승시킬 수 있나요?**

사람의 운명은 100퍼센트 자신에게 달려 있다는 사실을 다시 한번 강조합니다. 누구나 부자운을 가지고 행복하게 살 수 있도록 태어난다고 했습니다. 나쁜 운만 가지고 태어나는 사람은 없습니다. 좋은 운을 제대로 활용하는 것은 자신의 몫입니다.

영화 「쿵푸 팬더」를 보면 무한한 힘의 비밀이 적혀 있다는 용의 문서에는 자신의 얼굴만이 비추어질 뿐이었지요. 그 뚱뚱한 팬더를 용의 전사로 만든 힘은 바로 팬더의 마음 안에 있었던 것입니다.

지금 당신의 경제 상황과 당신이 원하는 부는 마치 뚱뚱한 팬더와 용의 전사만큼 차이가 날지도 모릅니다. 그렇지만 당신 안에는 간절히 원하는 꿈을 이룰 수 있는 힘이 있고, 당신 스스로를 응원하고 있는 모습이 있습니다. 그리고 그 힘은 앞으로 좋은 일들을 준비해놓은 채 당신이 발견해주기를 기다리고 있습니다.

살아 있는 한 행운이 다가오는 날은 반드시 옵니다. 이 진실을 발견하는 순간 하룻밤 사이에도 기적은 일어나게 마련입니다.

가만히 눈을 감고 당신의 모습을 보아야 합니다.

인생의 모든 답은 거기에 있으니까요.

내가 춤추면 코끼리도 춤춘다

초판 1쇄 인쇄 | 2009년 1월 7일
초판 1쇄 발행 | 2009년 1월 14일
초판 8쇄 발행 | 2023년 10월 24일

지은이 | 이서윤
펴낸이 | 황보태수
기 획 | 박금희
디자인 | 디자인 붐
인쇄·제본 | 한영문화사

펴낸곳 | 이다미디어
주 소 | 경기도 고양시 일산동구 강석로 145, 2층 3호
전 화 | 02-3142-9612
팩 스 | 070-7547-5181
이메일 | idamedia77@hanmail.net

ISBN 978-89-88350-93-5 03320